Tass Saada
Das Prinzip des Terrors

www.fontis-verlag.com

Tass Saada
mit Dean Merrill

Das Prinzip des Terrors

*Der Ex-Sniper Arafats über die
dunklen Motive des ISIS und
anderer Extremisten, über Abgründe
und Alternativen*

fontis
BRUNNEN BASEL

Bibliografische Information der Deutschen Nationalbibliothek
Die Deutsche Nationalbibliothek verzeichnet diese Publikation in der
Deutschen Nationalbibliografie; detaillierte bibliografische Daten sind im
Internet über www.dnb.de abrufbar.

Dieses Buch erschien zuerst im Amerikanischen unter dem Titel:
«The Mind of Terror», veröffentlicht von Tyndale House Group, Colorado
Springs, USA. Copyright © 2016 by Taysir Abu Saada, Seeds of Hope, USA.

Soweit nicht anders angegeben, stammen die Bibelstellen aus:

Hoffnung für alle © 1983, 1996, 2002 Biblica, Inc.®,
hrsg. von Fontis – Brunnen Basel

(Hervorhebungen in den Bibelzitaten stammen vom Verfasser.)

Übersetzung aus dem Amerikanischen:
Christian Rendel, Witzenhausen

Copyright der deutschen Ausgabe:
© 2016 by Fontis – Brunnen Basel

Umschlag: Spoon Design. Olaf Johannson, Langgöns
(unter Mithilfe von Linda Giacovelli, Tyndale House)
Fotos Umschlag: GettyImages.de
Satz: InnoSet AG, Justin Messmer, Basel
Druck: Finidr
Gedruckt in der Tschechischen Republik

ISBN 978-3-03848-094-5

Inhalt

Erster Teil:

Wie Terroristen denken 7

1. Keine Zuflucht 9

2. Ehre und Schande: Eine andere Denkweise 29

3. Was macht jemanden zum Terroristen? 51

4. Tiefe Wurzeln 80

Zweiter Teil:

Was können wir jetzt machen? 91

5. Wir können uns Sorgen machen 93

6. Wir können zurückschlagen 106

7. Wir können uns «Lösungen» wünschen, die nie Wirklichkeit werden 117

8. Wir können alles auf die Endzeit schieben 133

Dritter Teil:

Ein besserer Weg 145

9. Gottes Pläne für Isaak – und für Ismael 147

10. Der Geist des Friedens 165

11. Das Recht, gehört zu werden 178

12. Was Sie tun können, um den Terrorismus zu neutralisieren 188

13. Ist der Weg Jesu «realistisch»? 217

14. Silberstreifen am Horizont 231

Vierter Teil:

Helden des Alltags: Friedensstifter bei der Arbeit 239

15. Die führenden Köpfe von morgen heranbilden 241

16. Agenten der Veränderung 253

17. Die Herzen Erwachsener erweichen 268

Anmerkungen 283

Erster Teil

Wie Terroristen denken

Kapitel 1
Keine Zuflucht

In dem Moment, als das erste Flugzeug das World Trade Center traf, wusste ich Bescheid.

Fassungslose Augenzeugen und Nachrichtensprecher spekulierten, ob es vielleicht eine schreckliche Panne bei der Flugverkehrskontrolle gegeben hatte. Aber ich hatte nicht den geringsten Zweifel, dass der radikale Islam die Vereinigten Staaten erreicht hatte.

Während der neun Monate zuvor hatte ich den Eindruck von Gott, ich solle reisen, meine Geschichte erzählen und die Warnung weitergeben, dass der islamische Extremismus auf unserer Türschwelle stand. Ich hatte vor großen Versammlungen und vor kleinen Gruppen in Wohnzimmern gesprochen. Ich muss zugeben, dass nicht viele meiner Zuhörer mich ernst nahmen. Die meisten dachten, so etwas könne hier niemals passieren.

Dann kam der 11. September. Auf einmal war die ganze falsche Sicherheit verschwunden. Binnen Stunden wurde bekannt, dass die Flugzeugentführer Muslime aus dem Nahen Osten waren. Und ich lebte als Araber in den Vereinigten Staaten. Wenn Sie meinen, Sie wären an jenem Tag geschockt und bestürzt gewesen, dann hätten Sie mal in meinen Schuhen stecken sollen.

Was soll aus uns werden?, fragte ich mich voller Sorge. Welche Folgen wird das für meine Frau haben, für unsere beiden Kinder? Was denken unsere Freunde jetzt von uns? Sie alle wissen, dass ich aus einem muslimischen Hintergrund komme. Das FBI hat das vermutlich auch schon herausgefunden.

> Es mag einmal eine Zeit gegeben haben, in der wir so tun konnten, als gäbe es in der Welt zwei Kategorien: «sichere» Gegenden und «unsichere» Gegenden. Dieser Mythos wurde am 11. September ein für alle Mal zunichte gemacht.

Während der nächsten Tage hätte ich am liebsten kaum mit anderen Leuten geredet. Ich war zu wütend und aufgeregt darüber, wie dieses Ereignis mein Leben und die Sicherheit meiner Familie durcheinanderbringen würde. Ich schottete mich ab und hing nur noch vor dem Fernseher, um die Nonstop-Nachrichten zu verfolgen. Wie sollte ich darauf reagieren? Was sollte ich sagen? Ich hatte keine Ahnung.

Gegen Ende jener Woche musste ich zu einer Vortragsreise aufbrechen und meine Familie zu Hause im nordöstlichen Missouri zurücklassen, wo wir bei Heartland Ministries arbeiteten, einer christlichen Farm und Schule für schwierige Jugendliche und Erwachsene mit Suchtproblemen. Und siehe da, während ich unterwegs war – stand das FBI auf der Matte. Da er mich nicht antraf, wollte der Agent aus dem nahen Kirksville meine Frau Karen und unsere vierundzwanzigjährige Tochter Farah verhören. Eine halbe Stunde lang erkundigte er sich danach, wer ich war, was ich tat und welche Verbindungen ich hatte. Dann ließ er die Bombe hochgehen:

«Mrs. Abu Saada, uns liegt ein Bericht vor, Ihr Mann sei mit Osama bin Laden befreundet …»

Karen riss die Augen auf und lachte unsicher. «Wirklich?»

«Ja», entgegnete der Agent nüchtern. «Stimmt das?»

Karen schüttelte den Kopf und begann zu erklären: «Vor über fünfunddreißig Jahren, als Tass noch ein Junge war, hatte sein Vater in Saudi-Arabien eine geschäftliche Verbindung zu Muhammad bin Laden, Osamas Vater. Tass' Vater hat eine Auto-Karosseriewerkstatt und reparierte die Autos der bin Ladens. Also ja, einmal kam der Junge mit in die Werkstatt, und sie sind sich begegnet. Aber das war alles.»

Der Agent machte sich Notizen und erwiderte dann: «Okay. Es tut mir leid, Ma'am, aber wir müssen jedem Hinweis nachgehen, den wir bekommen. Hier ist meine Karte; bitte sagen Sie Ihrem Mann, er möchte mich anrufen.»

Furcht und Zittern

Wir wussten nicht genau, wer aus der Nachbarschaft dem FBI diesen Tipp gegeben hatte. Aber natürlich hatte ich schon einige Male vor einem öffentlichen Publikum meine Lebensgeschichte erzählt. Also rief ich wie gewünscht den Agenten an. Ich sagte: «Hallo, hier ist Tass Abu Saada. Meine Frau sagte mir, Sie wollten mich sprechen.»

«Danke, dass Sie zurückrufen», sagte er höflich.

Ich dachte mir, es könne nichts schaden, ihm zu bestätigen, was er wahrscheinlich ohnehin schon wusste. «Ja, es stimmt, dass ich in einer muslimischen Familie im Nahen Osten geboren und aufgewachsen bin», gab ich zu. «Ja, ich bin ein ehemaliger Terrorist – ich habe als Jugendlicher in der Fatah gekämpft, der Miliz von Jassir Arafat. Ja, schon vorher bin ich einmal in der Werkstatt meines Vaters Osama bin Laden begegnet, als ich etwa neun Jahre alt war. Komischer kleiner Kerl, dieser Osama, dachte ich – er sagte kaum ein Wort. Aber kann ich heute behaupten, ihn zu ‹kennen›? Dass er ‹mein Freund› sei? Auf keinen Fall. Es war eine einmalige Begegnung, das ist alles.»

Ich holte Luft und fuhr dann fort. «Ich bin 1974 in dieses Land gekommen, habe mich niedergelassen, eine Greencard bekommen, eine Arbeit gefunden, habe geheiratet und bin Vater geworden. Über das, was letzte Woche passiert ist, bin ich genauso bestürzt wie jeder andere Amerikaner.»

«Schon gut», sagte der Agent. «Ich habe Sie überprüft, und es haben sich keinerlei Unstimmigkeiten ergeben. Machen Sie sich keine Sorgen; rufen Sie mich an, wenn Sie wieder in der Gegend sind. Vielleicht können wir einen Kaffee trinken gehen.»

Puh. Das war schön zu hören. Aber es bedeutete nicht, dass ich mich vollkommen entspannen konnte. Ich wusste, dass immer noch alle möglichen Leute mich im Auge hatten.

Drei oder vier Monate später bekam ich eine E-Mail von einer Adresse, die ich nicht erkannte. Die Betreffzeile ließ mich sofort aufmerken. Sie lautete: «Die Zeit ist gekommen. Sie ist reif» – und dann kam ein kleines Bomben-Icon!

Wer verschickte so etwas? Und warum ausgerechnet mir?

Ich traute mich nicht, die E-Mail zu öffnen. Stattdessen griff ich zum Telefon und rief meinen Kontaktmann beim FBI an. Ich las ihm die Betreffzeile vor und fragte dann: «Soll ich das einfach löschen oder was?»

«Oh nein, nein», antwortete er. «Lassen Sie mich einen Blick darauf werfen. Ich komme vorbei und schaue mir Ihren Computer selber an.»

Bald darauf stand er mit einem anderen Agenten vor der Tür. Er setzte sich an meinen Computer und machte sich daran zu schaffen. «Irgendetwas stimmt hier nicht», sagte er geheimnisvoll. Und schließlich: «Ich werde das zur genaueren Analyse in unser Labor geben.»

Ich habe nie erfahren, was dabei herauskam, wenn überhaupt irgendetwas. Wie alle anderen Amerikaner konnte ich mir nur den Kopf zerbrechen – und abwarten.

In den fünfzehn Jahren seither ist der Terrorismus überall auf der Welt geradezu explodiert. Und das betrifft nicht nur den Nahen Osten. Eine inoffizielle Zählung auf Wikipedia für einen einzigen Monat (Januar 2015) verzeichnete siebenundzwanzig schwerwiegende Vorfälle, von den Philippinen über Libyen und Frankreich bis nach Nigeria. Im nächsten Monat (Februar) waren es elf. Im nächsten Monat (März) zwanzig. Im nächsten Monat (April) fünfzehn. Im nächsten Monat (Mai) vierundzwanzig. Und so geht es weiter. Mit anderen

Worten, es gibt de facto mindestens jeden zweiten Tag einen Anschlag.[1]

Welche Anschläge in diesem jungen Jahrhundert waren die tödlichsten? Werfen wir einen Blick auf diese blutige Statistik:[2]

Wann	Wo	Tote	Verletzte	Verantwortlich
11. Sept. 2001	New York City; das Pentagon; ein Feld in Pennsylvania, USA	2993	8900	Al-Qaida
Juli 2009	Maiduguri, Nigeria	780		Boko Haram
Jan. 2015	Baga und Doro Gowon, Nigeria	700?	300?	Boko Haram
Aug. 2007	Autobomben in Al-Adnanija und Al-Qatanija, Irak	520	1500	Al-Qaida
Sept. 2004	Schule in Beslan, Russland	372	747	Tschetschenische Separatisten
Juli 2006	Pendlerzüge in Mumbai (früher Bombay), Indien	209	714	Kleine islamistische Gruppe, die gegen die indische Herrschaft in Kaschmir kämpft

Es mag einmal eine Zeit gegeben haben, in der Leute aus dem Westen, die behaglich in Nordamerika und Europa lebten, so tun konnten, als gäbe es in der Welt zwei Kategorien: «sichere» Gegenden und «unsichere» Gegenden. In bestimmten Städten und Ländern konnte man bedenkenlos Urlaub machen, in anderen dagegen nicht. Dieser Mythos wurde am 11. September ein für alle Mal zunichte gemacht, als der Terror den Finanzdistrikt von New York und das militärische Hauptquartier Washingtons erreichte.

Seither lautet die einzig vernünftige Schlussfolgerung, dass es auf dem ganzen Globus keine sichere Zuflucht gibt. Die Frage «Ist es hier sicher?» stellt sich überhaupt nicht mehr.

Viele Player

Es ist keine leichte Aufgabe, den Überblick über die vielen terroristischen Gruppen zu behalten, zumal es ständig Fusionen, Abspaltungen und Namensänderungen gibt. Das US-Außenministerium führt eine offizielle Liste von «FTOs» («Foreign Terrorist Organizations»)[3], auf der zur Zeit der Abfassung dieses Buches achtundfünfzig Organisationen stehen. All die berühmten Namen sind dort zu finden, neben vielen unbekannten, von denen Sie wahrscheinlich noch nie gehört haben.

Die britische Regierung führt eine ähnliche, sogar noch längere Liste namens «Proscribed Terrorist Organisations».[4] In dieser Tabelle stehen siebenundsechzig Gruppen. Dazu kommen weitere vierzehn, die speziell mit der Situation in Nordirland zu tun haben.

Über jeden dieser wichtigen Player ließe sich ein ganzes Buch schreiben – aber das kann hier wohl kaum unser Ziel

sein. Wir wissen bereits aus den täglichen Nachrichten eine
Menge über sie und ihre Aktivitäten. Vielleicht können wir
den Überblick in diesem Kapitel eingrenzen, indem wir uns
an die Liste der «zehn reichsten Terrororganisationen der
Welt» aus dem Magazin «Forbes» halten[5] – zumal Geld ein
entscheidender Faktor für die Fähigkeit einer Gruppe ist, ihren
Willen durchzusetzen. Wie Sie schnell sehen werden, handelt
es sich hierbei nicht nur um verwahrloste Gruppen von Frei-
schärlern, die sich im Schatten herumdrücken. Es sind Unternehmen von beträchtlicher Größe.

1. Der Islamische Staat (abgekürzt IS, ISIS oder arabisch Daesh)
    und seine fünfunddreißig Zweigorganisationen[6]. Jahres-
    umsatz laut «Forbes»: 2 Milliarden US-Dollar. Geldquellen:
    Ölverkäufe; Entführungen und Lösegelder; Steuereinnahmen
    und Schutzgelder; Banküberfälle und Ländereien.
      Geschätzte Anzahl der Kämpfer: 30.000.
      Bisheriges Einflussgebiet: große Teile von Irak und Syrien.
      Ziel: Destabilisierung der gegenwärtigen Staaten des Na-
    hen Ostens, Auslöschung der Grenzlinien der gegenwärti-
    gen Landkarte (die nach dem Ersten Weltkrieg vor allem
    von den Briten gezeichnet wurde) und Errichtung eines
    neuen Kalifats in der gesamten Region, das den wahren Is-
    lam umsetzt.
      Berüchtigt vor allem für: Enthauptungen westlicher Jour-
    nalisten, koptischer Christen und anderer Opfer; Kreuzi-
    gungen; Steinigungen; Verbrennung lebender Opfer (zum

Beispiel eines gefangenen jordanischen Piloten, der in einem eisernen Käfig eingeschlossen war – Januar 2015).

Diese Gruppe entstand nicht aus dem Nichts; sie hieß vorher «Al-Qaida im Irak», bis sie Mitte 2014 plötzlich weltweit in den Schlagzeilen auftauchte. Ihre Brutalität ist kein Zufall; sie ist darauf angelegt, den Westen zu schockieren – und gleichzeitig bei den Völkern und Regierungen der Region Angst zu erzeugen. Mit dieser bewussten Strategie versucht der IS, die gegenwärtige Ordnung zu zerstören und eine Rückkehr zum reinen Islam vorzubereiten.

Der IS hat öffentlich erklärt, er kämpfe nicht gegen Israel – zumindest noch nicht. Das bedeutet, dass das gegenwärtige Problem nicht Israel ist, sondern die arabische Uneinigkeit. Der IS verachtet die gegenwärtigen arabischen Könige und Präsidenten als Abtrünnige, Verworfene und Kollaborateure mit dem Westen, die sich nur selbst bereichern wollen. Hat der IS die arabischen Völker erst einmal zu einem neuen Staatswesen geformt – vielleicht die «Vereinigten Arabischen Staaten» –, wird er in der Position sein, Israel zu bekämpfen (und dessen reiche Freunde im Westen: Großbritannien, die Vereinigten Staaten und andere). Schon jetzt erleben wir, dass sich IS-Kämpfer unter die Scharen verzweifelter syrischer Flüchtlinge mischen, die auf dem Weg nach Europa sind.

(Weitere Informationen finden Sie in dem zweiunddreißigseitigen «Special Report: The Islamic State», den das Clarion Project online veröffentlicht hat,[7] oder in Graeme

Woods ausführlichem Artikel «What ISIS Really Wants» in: «The Atlantic», März 2015).[8]

2. Hamas. Jahresumsatz: 1 Milliarde US-Dollar. Geldquellen: Steuern und Gebühren; Schutzgelderpressung von Firmen (alles von Banken bis zu Fischzuchtbetrieben); finanzielle Unterstützung und Spenden (besonders aus dem reichen Golfstaat Katar sowie aus dem Iran).

Einflussgebiet: gegenwärtig nur der Gazastreifen (360 Quadratkilometer).

Ziel: Israel zu vertreiben, damit sich ein palästinensischer Staat vom Mittelmeer bis zum Jordan erstrecken kann.

Berüchtigt vor allem für: Raketenangriffe aufs südliche Israel.

Die Hamas hatte einen ganz harmlosen Anfang als humanitäre Hilfsorganisation und wurde (das werden Sie jetzt nicht glauben) 1978 in Israel als solche registriert! Offenbar dachten sich die Israelis, wenn die Palästinenser eine bessere Gesundheitsversorgung, bessere Schulen und andere öffentliche Leistungen bekämen, würde sich ihre Loyalität von Jassir Arafat und der Fatah abkehren.

Doch als die Weltmächte Druck auf Israel ausübten, mit Arafat zu verhandeln, fand sich die Hamas auf dem Abstellgleis. Sie wurde gewalttätiger und feindseliger, als Israel je erwartet hatte. Die Position der Hamas ist heute offiziell dokumentiert als «keine Lösung für die Palästinenserfrage außer durch den Dschihad». Diese Stoßrichtung verfolgt sie bis heute.[9]

Meine Frau und ich zogen 2006 in den Gazastreifen, um eine Oase der Ruhe und Liebe für unschuldige Kindergartenkinder zu eröffnen. Wir mieteten ein Gebäude, stellten Mitarbeiter ein und erlebten einen guten Start mit sechzig Kindern in jenem ersten Schuljahr. Doch als die Hamas im Juni 2007 die Wahlen gewann, vertrieb sie die Sicherheitskräfte der Fatah und suchte uns bald darauf heim, um unser Gebäude zu plündern.[10] Uns blieb keine Wahl, als den Kindergarten zu schließen.

3. FARC («Revolutionäre bewaffnete Streitkräfte von Kolumbien»). Jahresumsatz: 600 Millionen US-Dollar. Geldquellen: Drogenproduktion und Drogenhandel (die Hälfte des Kokains weltweit); Entführungen und Lösegelder; Bergbau, insbesondere Goldförderung.

Einflussgebiet: etwa 30 Prozent des kolumbianischen Staatsgebiets.

Ziel: den Kapitalismus in Kolumbien stürzen und durch eine marxistisch-sozialistische Staatsform ersetzen.

4. Hisbollah («Partei Allahs»). Jahresumsatz: 500 Millionen US-Dollar. Geldquellen: Unterstützung hauptsächlich durch ihren schiitischen Verbündeten Iran; außerdem Drogenschmuggel.

Einflussgebiet: große Teile im Süden und Nordosten des Libanon.

Zwei Ziele: Jerusalem und ganz Palästina «befreien» und den Libanon in einen schiitischen Staat verwandeln.

Berüchtigt vor allem für: die Lkw-Bombe 1983 in Beirut, die 241 amerikanische Militärangehörige (größtenteils Marines) tötete.

5. Taliban («Schüler»). Jahresumsatz: 400 Millionen US-Dollar. Geldquellen: Gelder für «Schutz und Unterstützung» bei allen Stadien des Handels mit Opium (Rohstoff für Heroin); Spenden.

Ziel: eine islamische Theokratie in Afghanistan mit strikter Geltung der Scharia. (Dieses Ziel hatten die Taliban von 1996 bis zur Ankunft der Truppen der USA und der NATO 2001 verwirklicht; sie kämpfen heute noch darum, wieder die Oberhand zu gewinnen.)

Berüchtigt vor allem für: Massaker in Dörfern; strikte Durchsetzung der Scharia, besonders gegen Frauen.

6. Al-Qaida («die Grundlage» oder «die Basis»). Ebenso ihre Zweige wie Al-Qaida im Maghreb (Nordafrika), Al-Qaida auf der arabischen Halbinsel (Saudi-Arabien, Jemen). Jahresumsatz: 150 Millionen US-Dollar. Geldquellen: saudische Spenden, Entführungen und Lösegelder, Drogenhandel.

Ziel: eine geeinte islamische Front gegen den Westen.

Berüchtigt vor allem für: Sprengstoffanschläge gegen die US-Botschaften in Kenia und Tansania am 7. August 1998; danach natürlich die Anschläge vom 11. September 2001 gegen Amerika.

7. Laschkar-e Taiba («Armee der Gerechten»). Jahresumsatz: 100 Millionen US-Dollar. Geldquellen: Spenden.

Ziel: den indischen Staat zwingen, den gesamten Bundesstaat Jammu-Kaschmir wieder der pakistanischen (muslimischen) Herrschaft zu unterstellen – und dann die indische
Regierung stürzen.

8. Al-Schabaab («die Jugend»). Jahresumsatz: 70 Millionen US-
Dollar. Geldquellen: Lösegelder für Schiffsentführungen
und Piraterie; Spenden.

Einflussgebiet: hält eine Anzahl somalischer Flughäfen
und kleiner Seehäfen.

Ziel: alle Ausländer (einschließlich der Truppen der Afri-
kanischen Union) aus Somalia vertreiben, um dort ein isla-
misches Kalifat zu errichten.

Berüchtigt vor allem für: den dramatischen Anschlag
von 2013 auf das luxuriöse Westgate-Einkaufszentrum in
Nairobi.

Man könnte sich fragen, wieso Afrikaner etwas für den
Dschihad übrighaben. Die Antwort liegt teilweise in der
Geografie. Ein Blick auf die Landkarte zeigt, dass zwischen
Somalia und der arabischen Halbinsel nur ein 200 Meilen
breiter Wasserstreifen liegt. Die meisten Beobachter nennen
Somalia einen «gescheiterten Staat» – mit anderen Worten,
seine Regierung hat große Mühe, ihre Funktion zu erfüllen
(und das war schon seit Anfang der 1990er so; erinnern Sie
sich an «Black Hawk Down»?). Truppen aus den Nachbar-
ländern Kenia und Äthiopien versuchen, die Situation zu
verbessern – und Al-Shabaab bevorzugt das gegenwärtige
Machtvakuum.

Die Folge sind Vergeltungsschläge im Osten Kenias, die großen Schaden anrichten. Selbst Schulen geraten in Mitleidenschaft, da Lehrer aus anderen Teilen Kenias sich auf sicherere Posten flüchten.[11]

9. Real IRA, eine Abspaltung von der Irisch-Republikanischen Armee (IRA), die 1998 ein Friedensabkommen mit Großbritannien unterzeichnete. Jahresumsatz: 50 Millionen US-Dollar. Geldquellen: Schmuggel, illegaler Handel, Spenden.

Ziel: die Briten vollständig aus Nordirland vertreiben.

Besonders berüchtigt für: Anschläge mit Raketen und Autobomben im Herzen Londons.

10. Boko Haram («Westliche Bildung ist Sünde»), tritt jetzt unter neuem Namen als «Westafrikanische Provinz des Islamischen Staates» auf. Jahresumsatz: 50 Millionen US-Dollar. Geldquellen: Entführungen und Lösegelder, Gebühren und Steuern, Banküberfälle, Plünderungen.

Ziel: Einführung der Scharia in ganz Nigeria (das ungefähr zur Hälfte von Muslimen und zur anderen Hälfte von Christen bevölkert ist), dadurch Ausmerzung säkularer/westlicher Einflüsse.

Berüchtigt vor allem für: Entführung von 276 Mädchen aus einem Internat in Chibok im April 2014.

Hunderte, wenn nicht Tausende von Mädchen, zum Teil nicht älter als elf Jahre, wurden von dieser Gruppe vergewaltigt. Ein nigerianischer Regierungsbeamter sagte der «New York Times»: «Die Sektenführer legen es bewusst darauf an, die Frauen zu schwängern. Manche von ihnen, so sagte man mir, beten sogar vor dem Beischlaf und bitten Gott, die Früchte ihres Tuns mögen Kinder sein, die ihre Ideologie ererben werden.»[12] Diese «Früchte» sind freilich nicht nur Kinder, sondern auch Infektionen, die Risiken früher Schwangerschaften und lebenslange Stigmatisierung der Opfer.

(Falls Sie sich fragen, warum meine frühere Gruppe, die Fatah, hier nicht erwähnt wird: Das liegt daran, dass nach dem Tod meines einstigen Helden Jassir Arafat im Jahr 2004 die neue Führung unter Mahmud Abbas sich für eine andere Strategie entschied: Gewaltlosigkeit. Im palästinensischen Westjordanland sagen sich die arabischen Führer sinngemäß: «Die Zeit der Gewalt ist vorbei. Die israelische Armee schlägt uns sowieso jedes Mal. Wir werden weiter für unsere Rechte eintreten, aber auf friedliche Weise.» Diese Herangehensweise findet in Europa und anderswo viel Beifall. Selbst Papst Franziskus hieß Abbas 2015 im Vatikan als «Friedensengel» willkommen.[13])

Ähnlichkeiten und Unterschiede

Es zeigt sich auf den ersten Blick, dass acht der finanziell stärksten terroristischen Gruppen auf irgendeine Weise mit dem Islam verbunden sind. Und dies wird unser Schwerpunkt im Rest dieses Buches sein, da es im Westen den größten Anlass zur Sorge gibt (und zufällig auch mein persönlicher Hintergrund ist).

Es wäre aber ein Fehler, zu glauben, dass alle Muslime gleich denken und handeln. Die beinahe 1,8 Milliarden Anhänger Allahs in aller Welt[14], die sich von Marokko bis nach Indonesien und darüber hinaus erstrecken, sind gewiss nicht alle gleich – genauso wenig, wie es die 2,3 Milliarden Anhänger Christi sind. Beide Glaubensrichtungen zerfallen in etliche verschiedene Strömungen, und unter den beiden gibt es eine große Bandbreite des religiösen Eifers oder der religiösen Gleichgültigkeit.

> Nicht alle 1,8 Milliarden Anhänger Allahs denken und handeln gleich – genauso wenig, wie es alle 2,3 Milliarden Anhänger Christi tun.

Denken Sie einen Moment an Malala Yousafzai, das junge Mädchen aus Pakistan, dem die Taliban eine Kugel in den Kopf jagten, weil sie zur Schule ging. Sie überlebte und wurde in aller Welt zu einer Wortführerin für Bildung für Mädchen. 2014 wurde sie mit dem Friedensnobelpreis ausgezeichnet. Und nun denken Sie an Abu Bakr al-Baghdadi, den feuerspeienden Mullah, der im selben Jahr zum Kalifen (also zum Nachfolger Mohammeds und somit zur höchsten Autorität) des IS erklärt wurde. Beide sind Muslime! Beide lesen den Koran, gehen freitags in die Moschee, sprechen die vorgeschriebenen Gebete usw. Aber zwischen ihren Persönlichkeiten liegen Welten.

Die größten Segmente – oder «Denominationen», wenn Sie so wollen – im Islam sind die Sunniten (über 80 Prozent) und die Schiiten (weniger als 20 Prozent). Aber sie sind nicht gleichmäßig verteilt. Die Schiiten sind in Ländern wie Iran, Irak, Jemen und Bahrain in der Mehrzahl. Dazu kommen große Bevölkerungsanteile im Libanon, in Pakistan und Indien. So ziemlich überall sonst dominieren die Sunniten – in Saudi-Arabien, Jordanien, Syrien, der Türkei, Ägypten und den palästinensischen Gebieten sowie in den Golfstaaten Katar (wo meine Familie immer noch lebt) und den Vereinigten Arabischen Emiraten.

Man kann von keinem Land sagen, es sei ganz das eine oder das andere, genauso wenig, wie man einfach sagen kann, England sei protestantisch oder Mexiko sei katholisch.

Diese Spaltung des Islam ist nichts Neues. Sie reicht zurück bis zum Tode Mohammeds im Jahr 632. Wer sollte sein Nachfolger werden, der nächste Kalif? Die meisten Anhänger sagten, es solle Abu Bakr sein, ein enger Freund Mohammeds und zugleich sein Schwiegervater. Sie verpflichteten sich, den Taten und den *sunna* (Lehren) des Propheten nachzufolgen; daher der Name *Sunniten*.

Andere jedoch widersprachen und sagten, der neue Anführer sollte ein Blutsverwandter Mohammeds sein. Sie behaupteten, er habe Ali, seinen Vetter und Schwiegersohn, gesalbt. Diese Leute nannten sich *schiaat Ali* («Parteigänger Alis»), woraus sich der Name *Schiiten* entwickelte.

Fast fünfzig Jahre lang ging der Streit hin und her – bis Alis Sohn Hussein in einer Schlacht mit sunnitischen Truppen im Jahr 680 in Kerbela (im heutigen Irak) enthauptet wurde. Damit war die Spaltung für alle Zeiten besiegelt. Bis heute sind vierzig

Prozent der Sunniten der Meinung, Schiiten seien keine richtigen Muslime. Und die Schiiten sind den Sunniten auch nicht besonders grün.

Knifflige Politik

Richtig unübersichtlich wird es, wenn in einer Nation irgendwie ein Herrscher an die Macht kommt, der zu einer Minderheit gehört. Präsident Baschar al-Assad von Syrien zum Beispiel gehört zu den Alawiten («Anhänger Alis»), einem Zweig der schiitischen Sekte. Doch die Bevölkerung Syriens ist zu drei Vierteln sunnitisch, während die Alawiten nur zwölf Prozent ausmachen. Von daher ist es kein Wunder, dass das Land sich seit 2011 in einem Bürgerkrieg zerfleischt, der die nach Meinung vieler Beobachter schlimmste Flüchtlingskrise seit dem Zweiten Weltkrieg auslöste. Millionen unschuldiger Männer, Frauen und Kinder laufen um ihr Leben, während Assads Armee, die Rebellen, die ihn stürzen wollen, und der IS die Nation auseinanderreißen.

Ein Gegenbeispiel: Saddam Hussein herrschte als sunnitischer Muslim über den ganzen Irak, der zu zwei Dritteln aus Schiiten besteht (ganz zu schweigen von weiteren zehn Prozent Kurden). Dennoch gelang es ihm, mit eiserner Faust zu herrschen. Bei seiner Gefangennahme und seinem Tod Ende 2006 üben schiitische Präsidenten die Kontrolle aus – und haben alle Mühe, die Minderheit der Sunniten nicht zu polarisieren.

Der IS ist durch und durch eine sunnitische Organisation. Für Schiiten gibt es in der Zukunftsvision des IS keinen Platz. Sie sind dem Tode geweiht. Der IS betrachtet sich selbst als den wahren Beschützer der Sunniten, im Gegensatz zu den meisten Politikern, auf die nach den Worten des IS kein Verlass ist.

Als der IS im Herbst 2014 Ramadi erstürmte, eine große irakische Stadt mit einer halben Million Einwohnern, musste die Welt bestürzt mit ansehen, wie die Regierungsarmee dahinschmolz wie ein Eiswürfel in der Sonne. Besonders die amerikanischen und die Koalitionstruppen, die 2006 mit allen Kräften für diese Stadt gekämpft hatten, waren entsetzt. Der amerikanische Verteidigungsminister Ashton Carter sagte gegenüber CNN: «Die irakischen Streitkräfte zeigten einfach keinen Willen zum Kämpfen, [obwohl] sie zahlenmäßig nicht unterlegen waren. Im Gegenteil, sie waren dem Gegner sogar haushoch überlegen.»

Warum der Rückzug? Meiner Meinung nach lag es daran, dass die sunnitischen Soldaten nicht genügend taktische Unterstützung von den schiitischen Generälen in Bagdad bekamen. Die schiitischen Führer wollten sunnitische Kämpfer nicht mit adäquaten Waffen ausrüsten – die sich dann womöglich eines Tages gegen sie selbst richten würden. Ein Staat, der in sich selbst gespalten war, hatte dem IS nichts entgegenzusetzen.

Vielleicht sind Ihnen auch die Ausdrücke *Salafisten* oder *Wahhabiten* schon einmal untergekommen. Sie bezeichnen eine Bewegung innerhalb der sunnitischen Welt, die großen Wert auf die Reinheit der Religion, eine buchstäbliche Auslegung des Korans und die strikte Einhaltung seiner Vorschriften legt. Salafisten sind besonders in Saudi-Arabien, Katar und den Vereinigten Arabischen Emiraten aktiv. (Der Name Wahhabit steht für dieselben Leute, gilt aber als Schimpfwort.) Der IS ist definitiv der salafistischen Strömung innerhalb des sunnitischen Islam zuzurechnen.

Es könnte noch viel mehr über die Einzelheiten des islamischen Terrorismus geschrieben werden. Aber dies mag als Kontext reichen. Es wird deutlich, dass die Welt vor einer großen Herausforderung steht – besonders angesichts der Tatsache, dass regelmäßig junge Leute als «einsame Wölfe» auftauchen, um Terroranschläge an so unterschiedlichen Orten wie dem Boston-Marathon, dem kanadischen Parlament und den U-Bahnen von London und Moskau zu verüben. Die Angst ist überall.

Was steckt hinter alledem? Was für ein Denken treibt diese Leute, die Bomben legen, Raketen abschießen und Köpfe abschlagen? Woher dieser leidenschaftliche Hass? Und wie lässt er sich entschärfen? Diesen Fragen wollen wir uns nun zuwenden.

Kapitel 2

Ehre und Schande: Eine andere Denkweise

Wenn Sie in einer westlichen Gesellschaft leben, werden Sie sich selbst tendenziell hauptsächlich als *Individuum* begreifen. Von klein auf haben Sie verbreitete Redewendungen gehört wie «Du musst auf deinen eigenen Füßen stehen»; «Sei ein eigenständiger Mensch»; «Kümmere dich nicht darum, was andere über dich sagen»; «Jeder ist seines Glückes Schmied»; «Auf deinem Schiff bist du der Kapitän».

Wenn Angehörige oder Nachbarn etwas nicht gut finden, was Sie tun, dann ist das deren Problem, sagen Sie sich. Sie müssen sich an Ihre eigene Richtschnur halten.

Wenn ein Amerikaner, ein Deutscher oder ein Australier eine gesetzwidrige Handlung begeht, dann verlangt die Gesellschaft, dass diese Person festgenommen und vor Gericht gestellt wird, um bestraft zu werden. Ansonsten soll man die Leute in Ruhe lassen – jeder ist unschuldig, bis seine Schuld erwiesen ist.

Die Macht der Gruppe

Ich habe eine Neuigkeit für Sie: Im größten Teil der Welt läuft das ganz anders. Auf jeden Fall in der islamischen Welt. Ja, es gibt geschriebene Gesetze, an die man sich halten muss – aber tief in ihrem Innern sind die Leute nicht individualistisch; sie sind *kollekti-vistisch*. Sie sehen sich selbst als Teile von größeren Gruppierungen – der Familie, des Dorfes, des Stammes, der *umma* (das arabische Wort für die weltweite Gemeinschaft der Anhänger des Islams). Wie die Gruppe eine Person sieht, ist von höchster Wichtigkeit.

Deshalb liegt das Kontinuum, das die Menschen in jedem wachen Moment im Bewusstsein haben, nicht in erster Linie zwischen Schuld und Unschuld, sondern vielmehr zwischen Ehre und Schande. Mache ich meiner Gruppe Ehre? Was denken die Leute jetzt von mir? Bin ich ein angesehenes Mitglied? Habe ich irgendetwas getan, was meine Leute in Verlegenheit bringt? Kann ich erhobenen Hauptes meinen Eltern, meinen Groß-eltern, den Ältesten meiner Gemeinschaft, dem Imam in meiner Moschee unter die Augen treten?

Wenn ein Mitglied meiner Gruppe schlecht behandelt wor-den ist, ist es meine Pflicht, ihm Ehre zu erweisen, indem ich Maßnahmen zu seiner Verteidigung ergreife. Wenn jemand in meiner Gruppe sich illoyal verhalten hat, so muss ich ihn mit Schimpf und Schande dafür bestrafen.

Hier ist ein Beispiel: Als ich im Alter von zweiundvierzig Jah-ren in Kansas City (Missouri) Jasua (Jesus) als das wahre Wort Gottes annahm und ihm mein Leben anvertraute, da sagte meine Familie in Katar, zwölftausend Kilometer weit weg, nicht etwa: «Nun, er ist ein erwachsener Mann; lasst ihn tun, was er will» (individuelle Autonomie).

Sie sagte auch nicht: «Tass, du bist im Irrtum. Du hast eine falsche Religion angenommen» (intellektueller Widerspruch).

Sie sagte nicht: «Dafür wirst du in der Hölle schmoren» (praktische Konsequenz).

Nein, sie sagte sinngemäß: «Du hast unsere Familie entehrt! Du hast uns alle in Verlegenheit gebracht. Du hast der ganzen Familie Abu Saada Schande gemacht. Wir sind entsetzt darüber, wie du unseren Namen besudelt hast.»

Ich hatte ihnen einen sorgfältig formulierten Brief geschickt – handgeschrieben, sieben Seiten lang –, um ihnen zu erklären, was Gott in meinem Herzen und meinem Leben tat. Die postwendende Antwort meiner Familie war dreimal so lang – einundzwanzig Seiten, geschrieben von einem meiner Brüder im Namen der ganzen Gruppe. Der Inhalt lautete sinngemäß: «Du bist verrückt. Wenn du nicht sofort zum Islam zurückkehrst, bringen wir dich bei der ersten Gelegenheit um.»

Daraufhin rief ich meinen Vater an und versuchte, vernünftig mit ihm zu reden. Ich gab zu, dass ich während der letzten neunzehn Jahre, seit ich in Amerika lebte, so ziemlich jede Sünde begangen hatte, die man sich in irgendeiner Religion vorstellen kann. Ich hatte zügellos gelebt. Ich hatte Alkohol getrunken (im Islam ein absolutes Tabu), war ein Schürzenjäger gewesen und hatte meinen Bekannten Leid zugefügt. «Aber jetzt habe ich mich verpflichtet, ein neues Leben anzufangen, mich um meine Frau und meine beiden Kinder zu kümmern und den Armen zu helfen», fügte ich optimistisch hinzu.

Die Antwort meines Vaters war schroff: «Solange du lebst, werden wir nichts mehr mit dir zu tun haben.»

Elf Jahre später hatte ich den Eindruck, ich sollte das Risiko eingehen, zurückzukehren und meine alten Eltern noch einmal zu besuchen. Beide waren inzwischen gesundheitlich angeschlagen. Als ich meinen ältesten Bruder, den Erstgeborenen der Familie, anrief, um ihm meine Flugpläne mitzuteilen, fuhr er mich barsch an: «Du hast offenbar ein schlechtes Gedächtnis, Taysir. Weißt du nicht mehr, dass ich dich umbringen will?» Er und die anderen waren offensichtlich überzeugt davon, sie müssten mein Blut vergießen, um ihre Ehre zurückzugewinnen.

(Wie dieses Drama ausging, können Sie in meiner Autobiografie *Ich kämpfte für Arafat* nachlesen.)

Reinheit oder Tod

Das ist keine extreme oder ungewöhnliche Reaktion in einer Kultur, die auf Ehre und Schande beruht. Wenn ein Mädchen entehrt wird, ist das ein besonders schwerer Schlag für eine arabische Familie. Deshalb entführen und vergewaltigen Terrorgruppen junge Frauen. Sie wissen, dass sie damit ganzen Familien tiefe Wunden zufügen.

Wird ein entführtes Mädchen irgendwie befreit und seiner Familie zurückgegeben, wird es nicht mit offenen Armen empfangen, wie es im Westen der Fall wäre. Die Familie ist entehrt worden. Diese Schande würde sich noch vergrößern, wenn die Tochter wieder aufgenommen würde und unter dem Dach der Familie leben dürfte. Sie ist «beschmutzt» worden. Deshalb glaubt die Familie in vielen Fällen, das Mädchen töten zu müssen, um ihren guten Ruf wiederherzustellen. Die Gruppenehre ist ein höherer Wert als ein individuelles Leben.

> Wenn ein Mädchen entehrt wird, ist das ein besonders schwerer Schlag für eine arabische Familie. Deshalb entführen und vergewaltigen Terrorgruppen junge Frauen.

Ich werde nie den Abend der Hochzeit meiner Schwester in Katar vergessen. Ich war sechzehn Jahre alt, und sie heiratete meinen besten Freund. Die Trauung fand in dem großzügigen Haus der Familie des Bräutigams statt und wurde von dem örtlichen Imam vorgenommen. Nachdem die Formalitäten abgeschlossen waren, begann das Fest mit reichlich Essen, Gesang und Gelächter.

Ich war jedoch nervös, denn bald war es Zeit, dass sich das Paar zu seiner ersten *nikah* (eigentlich Eheschließung; wird aber auch für Ehevollzug verwendet) in ein Schlafzimmer zurückziehen würde, um danach wieder zum Fest zurückzukehren. Dabei würden die Angehörigen des Ehemannes vor der Tür stehen, ebenso wie meine Eltern und mein ältester Bruder. Unglücklicherweise befand sich mein Bruder aber zu seinem ersten Studienjahr in Ägypten, so dass ich als das nächstälteste männliche Familienmitglied für ihn einspringen musste. Mir war das sehr peinlich.

Die Jungfräulichkeit meiner Schwester war absolut obligatorisch – und musste hinterher durch ein Betttuch mit frischem Blut von dem gerissenen Jungfernhäutchen bewiesen werden.

Dies ist keine rein islamische Sitte; Sie können das auch schon im Gesetz des Mose nachlesen. In 5. Mose 22,13–21 finden wir die Vorschrift, wenn ein junger Ehemann behauptet, seine Braut sei in ihrer Hochzeitsnacht keine Jungfrau mehr gewesen, sollen ihre Eltern «das Gewand (aus der Hochzeitsnacht) vor den Ältesten der Stadt ausbreiten, dann sollen die Ältesten dieser Stadt den Mann packen und züchtigen lassen. Sie sollen ihm eine Geldbuße von hundert Silberschekel auferlegen und sie dem Vater des Mädchens übergeben, weil der Mann eine unberührte Israelitin in Verruf gebracht hat» (Vers 17–19; Einheitsübersetzung).

Andererseits, «wenn der Vorwurf aber zutrifft, wenn sich keine Beweisstücke für die Unberührtheit des Mädchens beibringen lassen, soll man das Mädchen hinausführen und vor die Tür ihres Vaterhauses bringen. Dann sollen die Männer ihrer Stadt sie steinigen und sie soll sterben, denn sie hat eine Schandtat in Israel begangen, indem sie in ihrem Vaterhaus Unzucht trieb. Du sollst das Böse aus deiner Mitte wegschaffen» (Vers 20–21; Einheitsübersetzung).

Genauso galt das in unserer islamischen Kultur auch noch 1967 – nur dass die Tötung, falls sie nötig werden sollte, schneller und effizienter vonstatten gehen würde. Ich starrte an jenem Abend auf die Pistole, die bereits im Hosenbund meines Vaters steckte. Ich wusste, er würde nicht zögern, sie zu benutzen, falls meine Schwester vorgetäuscht hatte, etwas zu sein, was sie nicht war. Meine Mutter und ich würden die offiziellen Zeugen sein.

Aber dann ging eine schreckliche Vorstellung durch meinen jungen Kopf: Was wäre, wenn mein Vater *mir* die Waffe geben und mir befehlen würde, die Tat an seiner Statt zu vollbringen? Ich erschauerte bei dem Gedanken. Würde ich seinem Befehl gehorchen können? Ich wusste es nicht. Händeringend stand ich da, während sich die Gedanken in meinem Kopf überschlugen.

Zäh verstrichen die Minuten. Ich gab mir alle Mühe, ruhig zu bleiben. Dann kam mein frischgebackener Schwager aus dem Schlafzimmer und hielt das befleckte Bettlaken empor. Meine Schwester hatte den Test bestanden. Alles war gut. Die Ehre unserer Familie war gewahrt. Ich stieß einen gewaltigen Seufzer der Erleichterung aus. Die Pistole würde heute Abend nicht gebraucht werden.

Gründe für den Hass auf den Westen

Jayson Georges, ein Mann aus dem Westen, der fast ein Jahrzehnt lang in Zentralasien gearbeitet hat und eine Website namens HonorShame.com betreibt, schreibt: «Wer einen [Muslim] beleidigt, beleidigt sie alle. Es ist eine Untertreibung, zu sagen, den Muslimen sei Ehre wichtig. Wir müssen uns vor Augen halten, dass arabische Muslime der Überzeugung sind, der Westen habe sie durch die Jahrhunderte bewusst gedemütigt und mit Schande überhäuft. Ein Grund, warum junge Muslime Terroristen werden, ist, um ihre Ehre zurückzugewinnen. Ein irakischer

Dschihadist drückte es so aus: ‹Als die Amerikaner kamen, trampelten sie mit ihren Stiefeln auf unseren Köpfen herum – was also erwartet ihr von uns?›»[15]

(Die Schuhsohle gilt übrigens in der arabischen Kultur als schmutzig und anstößig. Deshalb haben wir gesehen, wie die schiitischen Einwohner Bagdads voller Freude ihre Sandalen auszogen und damit auf die riesige Statue von Saddam Hussein einschlugen, nachdem sie vom Sockel gestürzt worden war.)

Die grauenhaften Misshandlungen im Gefängnis Abu Ghraib, wo US-Soldaten Insassen demütigten, indem sie sie auszogen, vergewaltigten und sexuell misshandelten – und auch noch Bilder davon machten! –, war der Abgrund der Entehrung. Diese Fotos verbreiteten sich in Windeseile in der gesamten Region, und diese Bilder werden auch durch noch so viele offizielle Entschuldigungen nicht mehr aus den Köpfen der Muslime auszulöschen sein. Die Menschen im gesamten Nahen Osten werden für immer der Überzeugung sein, dass die westlichen Soldaten keine persönliche Moral und keine Achtung vor anderen Menschen hatten, sondern einfach davon ausgingen, ihre überlegenen Waffen gäben ihnen das Recht, alles zu tun, was ihrem finsteren Herzen gefiel.

Die Fotos von den grauenhaften Misshandlungen im Gefängnis Abu Ghraib verbreiteten sich in Windeseile in der gesamten Region, und diese Bilder werden auch durch noch so viele offizielle Entschuldigungen nicht mehr aus den Köpfen der Muslime auszulöschen sein.

Wenn Comic-Zeichner im Westen es bewusst darauf anlegen, den Propheten Mohammed zu verspotten, indem sie im Namen der «Redefreiheit» herabwürdigende Zeichnungen von ihm veröffentlichen – zuerst in der größten dänischen Zeitung «Jyllands-Posten» bereits 2005 und dann in dem französischen Satiremagazin «Charlie Hebdo» und zuletzt in amerikanischen «Comic-Wettbewerben» unter Federführung der temperamentvollen Bloggerin Pamela Geller –, sind Muslime verständlicherweise empört.

Ihr Glaube verbietet solche Dinge streng im Zusammenhang mit seiner ablehnenden Haltung gegenüber allem, was auch nur entfernte Ähnlichkeit mit einem «geschnitzten Bild» oder Götzenbild hat. Wie würden Sie es empfinden, wenn Jesus Christus in einem lächerlichen Bärenkostüm dargestellt würde, wie es mit Mohammed in einer Episode der respektlosen Fernsehserie «South Park» geschah?

In seinem aufschlussreichen Buch *Why the Rest Hates the West* schreibt der britische Autor Meic Pearse:

Bei der Ehre geht es darum, einen Gesichtsverlust zu vermeiden. Es geht um den Kampf gegen die Schande. Aber die Vorstellung von Schande kann nur dort einen starken Einfluss haben, wo es ein tief sitzendes Bewusstsein dafür gibt, was richtig und falsch ist. Dies fehlt im Westen, wo ethische Fragen ebenso wie die Religion und die Berufswahl für eine Sache der persönlichen Vorliebe gehalten werden.[16]

An anderer Stelle erzählt Pearse die Geschichte eines dreizehn-
jährigen britischen Mädchens, das mit seiner Familie in der Türkei Urlaub machte und sich dort in einen Kellner verliebte. Sie
tauschten ihre Adressen aus, blieben in Kontakt und heirateten
im folgenden Jahr in seiner Heimatstadt. Seine Eltern gaben ihren Segen dazu, und selbst die Mutter und der Stiefvater des
Mädchens waren einverstanden.

Die britische Regenbogenpresse geriet darüber in helle
Empörung. Schande über diesen Räuber, schrie sie, der eine
so liebliche Jungfer verführt hatte. Wie konnte ein solcher
Skandal zugelassen werden? Die türkischen Behörden stellten den jungen Mann zur Rede und steckten ihn nach einiger
Zeit wegen sexueller Handlungen mit einer Minderjährigen
ins Gefängnis. Einen Monat nach der Hochzeit kehrte das
britische Mädchen – schwanger – in seine englische Heimat
zurück.

Doch die gewöhnlichen Muslime waren verwirrt. Sie wussten ja nur zu gut, dass ...

... im Westen viele Mädchen in diesem Alter bereits Sex haben und Schwangerschaften bei Minderjährigen häufig sind.
Hier [dagegen] war ein Mann bereit, nicht unmoralisch, sondern moralisch zu handeln, indem er sich durch die Ehe dau-
erhaft mit einem jungen Mädchen verband. Wo lag das Problem? Zogen denn die Leute im Westen Promiskuität vor?
Oder waren hier nur wieder einmal Vorurteile gegen Muslime im Spiel?[17]

Die biblische Perspektive

Für westliche Christen mag es eine überraschende Erkenntnis sein, dass unsere geliebte Bibel in Wirklichkeit in einem orientalischen Umfeld von Ehre und Schande entstanden ist. Es wäre mehr über diese Dynamik zu sagen, als wir uns oft bewusst machen. Das Wort *Ehre* kommt in der Bibel über 200-mal vor (davon allein zwanzigmal in den praktischen Ratschlägen der Sprüche), während *Schande* fast 150-mal zu finden ist.

Zum Beispiel heißt es im fünften Gebot: «Ehre deinen Vater und deine Mutter! ... Dann wird es dir gut gehen» (5. Mose 5,16). Diese Anweisung richtet sich nicht nur an Kinder; sie gilt für uns alle, ungeachtet unseres Alters.

Gottes ausführliche Anweisungen für die kunstvollen Gewänder des Hohenpriesters dienten welchen Zweck? Sie sollten «ihm zur Ehre und zum Schmuck gereichen» (2. Mose 28,2; Einheitsübersetzung).

Als Mose dagegen seine eigene Taktik anwendete, um einem Felsen Wasser zu entlocken, statt es auf Gottes Art zu tun, wurde er streng zurechtgewiesen. Der Herr sprach: «Ihr habt mir nicht vertraut und meinen heiligen Namen nicht geehrt, sondern euch selbst in den Mittelpunkt gestellt. Deshalb dürft ihr mein Volk nicht in das Land bringen, das ich ihnen geben werde» (4. Mose 20,12).

Nachdem Hanna ihren lang ersehnten Sohn zur Welt gebracht hatte, war sie sehr erleichtert darüber, dass endlich ihre Schande vor der Gemeinschaft von ihr genommen war. In ihrem Gebet jubelte sie über Gottes Güte: «Dem Verachteten hilft er aus seiner Not. Er zieht den Armen aus dem Schmutz und stellt ihn dem Fürsten gleich, ja, er gibt ihm einen Ehrenplatz» (1. Samuel 2,8).

Als Hiob krank wurde und ihn schmerzhafte Hautgeschwüre befielen (Eiterbeulen? Gürtelrose? Pocken?), war das mehr als nur ein gesundheitliches Problem. Er klagte: «Doch auch wenn ich im Recht bin, kann ich nicht zuversichtlich sein, denn man überhäuft mich mit Schande, und mein Elend steht mir ständig vor Augen.» Einige Kapitel später sagt er: «Ich war angesehen und geachtet, aber er hat meine Krone weggerissen» (Hiob 10,15; 19,9).

Eine häufige Bitte der Psalmisten wird in Worte wie diese gekleidet: «Bewahre meine Seele und errette mich; lass mich nicht zuschanden werden, denn ich traue auf dich!» (Psalm 25,20; Luther).

Die Propheten des Alten Testaments bezeugten Gottes tiefes Entsetzen darüber, dass das Volk immer tiefer in der Bosheit versank. «Wie sich ein Mann seinen Gürtel umlegt, so wollte ich, der Herr, mich mit Israel und Juda schmücken. Mein Volk sollten sie sein, meinen Namen bekannt machen, mir Lob und Ehre bringen – doch sie haben mir nicht gehorcht!» (Jeremia 13,11). Und an anderer Stelle: «Ihr nennt mich euren Vater, doch wo bleibt die Ehre, die mir zusteht? Ihr nennt mich euren Herrn, doch ich finde keine Ehrfurcht bei euch» (Maleachi 1,6).

Und dann kam Jesus, der erstgeborene Sohn. Manche erwiesen ihm Ehre, aber andere beschimpften ihn. Am Ende erlitt er den *Ehrenmord* schlechthin, als er nackt auf einem öffentlichen Hügel hängend starb, um Sühne für die Sünden der Welt zu leisten. In Hebräer 12,2 wird uns gesagt, dass Jesus «um der vor ihm liegenden Freude willen *die Schande nicht achtete* und das Kreuz erduldete und sich gesetzt hat zur Rechten des Thrones Gottes» (Elberfelder).

Und so lautet eine der großen Segnungen seines Heils nach den Worten des Apostels Petrus, der hier die Prophezeiung des Jesaja über den kommenden Messias zitiert: «Wer an ihn glaubt, wird nicht zuschanden werden» (1. Petrus 2,6; Elberfelder). Christus hat uns nicht nur von der Schuld erlöst, sondern auch von Schande, Erniedrigung und Entwürdigung. Durch sein qualvolles Opfer sind unsere Namen von allem gereinigt, was sie besudelte und beschmutzte.

«Das Heilmittel gegen die Schande», schreibt Andy Crouch in einem Leitartikel der «Christianity Today», «besteht nicht darin, berühmt zu werden. Es besteht nicht einmal darin, Bestätigung zu bekommen. Es besteht darin, in eine Gemeinschaft mit neuen, anderen und besseren Maßstäben für Ehre eingegliedert zu werden ... wo selbst die größte Entehrung des Kreuzes sich in Herrlichkeit verwandelt, in die größte Teilhabe an der Ehre.»[18]

> Eine der großen Segnungen von Gottes Heil lautet nach den Worten des Apostels Petrus: «Wer an ihn glaubt, wird nicht zuschanden werden.»

Christen reden (und singen) oft von der «Herrlichkeit Gottes», ohne ihre Bedeutung zu erkennen. Dahinter verbirgt sich viel mehr als strahlende Lichter und Engelschöre. Der Begriff umfasst Gottes Thron und heiligen Leumund vor der ganzen Menschheit, an dem nicht der kleinste Makel ist.

Kein Wunder, dass uns geboten ist, andere so zu behandeln, wie wir von Gott behandelt wurden. «Gebt allen, was wir ihnen schuldig seid: … die Furcht, dem die Furcht; die Ehre, dem die Ehre gebührt! Seid niemand irgendetwas schuldig, als nur einander zu lieben!» (Römer 13,7–8; Elberfelder).

Im Kontext des heutigen Nahen Ostens ist es besonders unerträglich, wenn Christen (oder Leute, die für Christen gehalten werden) muslimische Menschen und Gesellschaften entehren. Indem sie das tun, verstoßen sie gegen die wahren Prinzipien ihres Glaubens und seiner Heiligen Schrift.

Zwei Hürden

Selbst dann, wenn westliche Christen ihren Glauben vorbildlich leben, gibt es aufgrund der tief in der kollektiven Kultur verwurzelten Ehre/Schande-Dynamik zwei Dinge, die für einen durchschnittlichen Muslim schwer zu schlucken sind.

Das erste ist, *das Angebot der geschenkten Gnade und Vergebung durch Jesus Christus anzunehmen.* Wie meine persönliche Geschichte schon gezeigt hat, tritt derjenige, der das tut, aus der Gruppe heraus, der er sein Leben lang angehört hat. Von nun an geht er einen anderen Weg als seine Familie und seine Vorfahren. Jayson Georges schreibt in seinem Onlineartikel: «Muslime lehnen das Christentum oft mehr aus soziologischen als aus theologischen Gründen ab.»[19] Sie bringen es einfach nicht fertig, sich gegen die eigene Kultur zu wenden.

Um die Ängste der Muslime davor, Schande über sich selbst und ihre Familien zu bringen, zu überwinden, scheint Gott mehr und mehr zu dem Mittel zu greifen, ihnen direkt durch Träume und Visionen zu begegnen. Ein christlicher Lehrer, den ich kenne, erzählte mir von einem seiner Schüler in einem Englischkurs in Gaza. Der junge Mann – nennen wir ihn Ahmed – war ein berüchtigter Hamas-Kämpfer. Er war sogar bereit, sich als Selbstmordattentäter einsetzen zu lassen.

Am Abend vor seiner Mission legte er sich sorgfältig den Sprengstoffgürtel zurecht, den man ihm gegeben hatte, um am nächsten Morgen bereit zu sein, über die Grenze nach Israel zu gehen. Dann legte er sich schlafen.

Während er schlief, träumte er von einem Mann in einem weißen Gewand. Der Mann sagte: «Ich bin Jesus – und das, was du vorhast, ist böse.»

Ahmed wurde schlagartig wach und setzte sich sogleich im Bett auf. Doch sein Blick fiel auf denselben Mann, der nun, im Gegensatz zum Traum, in seinem Zimmer auf und ab ging! Dabei wiederholte er mehrmals dieselbe Botschaft wie in dem Traum. Der junge Mann bekam es so sehr mit der Angst zu tun, dass er in seiner Unterwäsche aus dem Haus floh.

Am nächsten Morgen ging er geradewegs zu einer katholischen Kirche, in der Hoffnung, jemanden zu finden, der ihm helfen konnte, zu verstehen, was passiert war. Doch der Priester, der Ahmeds schlechten Ruf bereits kannte, hatte Angst, es könnte ein Trick sein. Er ließ den Fragesteller einfach stehen.

Also ging Ahmed stattdessen zu einer orthodoxen Kirche. Doch dort stieß er auf dasselbe Problem. «Vielleicht sollten Sie es lieber in einer Baptistengemeinde versuchen», sagte ihm der orthodoxe Priester. «Die reden mehr über das Heil und über Jesus. Vielleicht können die Ihnen weiterhelfen.»

Und weiter ging es zu einer Baptistengemeinde. Doch wieder scheiterte der Dialog an seinem Stigma als Hamas-Terrorist.

Danach gab Ahmed es auf. Er ging wieder zurück, um erneut eine Selbstmordmission zu übernehmen – aber jedes Mal, wenn er eingesetzt werden sollte, kehrte derselbe Traum zurück. Er kam nicht weg von dem Mann in dem weißen Gewand. Immer wieder musste sich Ahmed gegenüber seinen Hamas-Befehlshabern herausreden, weil er ihre Befehle nicht ausführte, bis sie die Nase voll von ihm hatten.

Zweieinhalb Jahre lang lebte er in einem Zustand der Verwirrung. Dann schrieb er sich für einen Englischkurs ein. Um seinen Schülern das Lesen beizubringen, schrieb der Lehrer Bibelverse an die Tafel und ließ sie von seinen Schülern auswendig lernen.

Ahmed hatte noch nie in der Bibel gelesen, aber er spürte eine Kraft in den Worten der Heiligen Schrift. Eines Tages überreichte er nach dem Unterricht dem Lehrer diskret einen Zettel, auf dem stand: «Ich glaube, Sie haben aus dem Heiligen Buch gelehrt. Ich würde gern mit Ihnen reden.»

Der junge Lehrer geriet in Panik. Wenn nun dieser Schüler ihn bei der Hamas meldete? Er ging nach Hause, packte seine Sachen und floh nach Jerusalem.

Als ich diese Geschichte hörte, sagte ich zu ihm: «Wissen Sie, ich glaube, Sie müssen zurückgehen und noch einmal mit diesem Kerl reden.»

Seine Augen weiteten sich. «Meinen Sie das ernst? Er ist berüchtigt!»

«Ja, ich weiß», erwiderte ich. «Aber vielleicht meint er es ehrlich. Gehen Sie zurück nach Gaza, nehmen Sie ein paar Freunde mit und treffen Sie sich mit ihm an einem öffentlichen Ort.»

Genauso machte er es. Als sie sich in einem Park trafen, brach Ahmed gleich in Tränen aus. «Ich muss es wissen!», stieß er hervor. «Was ist das für ein Traum, den ich immer wieder habe?»

Der Lehrer lud Ahmed in seine Wohnung ein, um weiter mit ihm zu reden. Nachdem er die ganze Geschichte gehört hatte, betete er mit Ahmed, der Jesus sein Leben übergab. Sie feierten gemeinsam das Abendmahl – und ließen dann die Badewanne volllaufen, um ihn an Ort und Stelle zu taufen!

(Die Folge war, dass der Lehrer und ich wussten, dass wir Ahmed von nun an beschützen mussten, weil seine früheren Kampfgenossen ihn jagen würden. Dazu mieteten wir Wohnungen in verschiedenen Teilen des Gazastreifens an, so dass er immer in Bewegung bleiben konnte. Schließlich bekamen wir ihn mithilfe eines hochrangigen Kontaktmannes, der bereit war, ihm eine neue Identität zu verschaffen, aus der Schusslinie. Ahmed lebt heute noch in Gaza.)

> Um die Ängste der Muslime davor, Schande über sich selbst und ihre Familien zu bringen, zu überwinden, greift Gott mehr und mehr zu dem Mittel, ihnen direkt durch Träume und Visionen zu begegnen.

Dieses Phänomen, über das Pastoren und Missionare überall in der muslimischen Welt berichten, ist viel überzeugender als langwierige theologische Debatten. Gott scheint auf diese Weise zu den Herzen derer durchzudringen, die er ruft. Wer kann ein solches Zeugnis widerlegen? Schließlich sprach ja auch Mohammed über seine eigenen Visionen, oder?

Demokratie? Es ist kompliziert

Die zweite Hürde, die für das muslimische Denken schwer zu überwinden ist, ist *der Wert der Demokratie*. Für Leute aus dem Westen ist das zweifellos schwer zu begreifen: Wer wollte nicht mitbestimmen, wer über sein Land herrscht und welche Politik verfolgt wird? Doch dabei vergessen sie, dass in einer kollektivistischen Kultur die Leute nicht einfach auf eigene Faust Entscheidungen treffen. Sie beraten sich mit ihrer Gruppe. Und dann ordnen sie sich meistens dem Konsens in der Gruppe unter. (Das Wort *Islam* bedeutet im Arabischen «Unterordnung, Ergebung» – konkret die Unterordnung der persönlichen Wünsche unter den Willen Allahs.)

Wenn also eine Wahl stattfindet, stellt sich ein Muslim nicht als Erstes die Frage: Was denke ich? Welchen Kandidaten oder welche Partei ziehe ich vor? Sondern er fragt sich: Was würde der Imam darüber sagen? Wie sollen wir alle abstimmen? Kein Wunder, dass nach dem Sturz des langjährigen Diktators Hosni Mubarak in Ägypten 2011 die Muslimbruderschaft bei der nächsten Wahl einen erdrutschartigen Sieg errang. Im Westen waren alle überrascht: Wie konnten die jungen Demonstranten, die Abend für Abend den Tahrir-Platz gefüllt hatten, für diese konservativen, ja terroristischen Islamisten stimmen?

Weil ihre Gesellschaft sagte, dies sei der Weg in die Zukunft.

(Freilich entwickelten sich die Dinge nicht so, wie viele es vorhergesagt hatten. Mohammed Mursis Präsidentschaft dauerte nur ein Jahr. Bald waren die Straßen von Kairo wieder voller Menschen, die seinen Rücktritt forderten. Gewalt brach aus, und Dutzende fanden den Tod. Heute herrscht in Ägypten ein Armeegeneral.)

Es ist interessant, Donald Rumsfeld, den amerikanischen Verteidigungsminister, der sechs harte Jahre lang (2001–2006) die Verantwortung für die Operation «Iraqi Freedom» trug, heute im Rückblick sagen zu hören: «Der Gedanke, wir könnten im Irak eine Demokratie herstellen, erschien mir unrealistisch.»[20] Das wirft für nicht wenige im Westen die Frage auf: *Ist die Demokratie schlicht unvereinbar mit dem Islam?*

Meine Antwort lautet, dass die Demokratie im Westen funktioniert, weil die Leute dazu konditioniert sind, Religion und Staat voneinander zu trennen. Das ist jedem klar. Es ist im Verfassungsrecht ausdrücklich geregelt.

Solange muslimische Männer und Frauen sich aufgrund ihrer Erziehung und Bildung diese Trennung nicht zu eigen machen, wird die Demokratie immer mit Widerständen zu kämpfen haben. Ich sage nicht, dass es unmöglich sei. Die heutige Generation hat etwa die halbe Strecke geschafft. Die Generation meines Vaters hätte eine solche Prämisse niemals akzeptiert. Sie wäre ein Widerspruch zu ihrer gesamten Kultur, ihren Traditionen und ihrem Stammesdenken gewesen. Doch seit immer mehr junge Leute eine westlich geprägte Bildung genießen, wird die Demokratie allmählich plausibler.

In einem muslimischen Land, in dem Stämme und religiöse Gruppierungen von höchster Bedeutung sind, kommt es eigentlich gar nicht darauf an, was für ein System Amerika oder die Vereinten Nationen installieren wollen. Wir haben im Irak gesehen, wie Präsident Nuri al-Maliki, kaum dass die amerikanischen Truppen das Land verlassen hatten, wieder dazu überging, seine eigene Gruppe, die Schiiten, zu begünstigen. Sicher, sie sind im Irak in der Mehrzahl. Aber Sunniten können einen gewaltigen Aufruhr veranstalten, wenn sie sich *entehrt* fühlen, und genau das tun sie auch.

Schauen wir uns dagegen an, was gerade in Katar vor sich geht: Die Frau des früheren Emirs, Musa bint Nasser al-Missned, ist eine hochintelligente Frau, die sich das Bildungssystem vornahm und es nach vorn zu bringen begann. Sie war führend an der Entwicklung der «Education City» am Rande der Hauptstadt Doha beteiligt. Diese beherbergt alles von einer Schule für hochbegabte Jugendliche über Forschungszentren bis hin zu Zweigstellen von so erstklassigen amerikanischen Universitäten wie Virginia Commonwealth, Cornell, Texas A&M, Carnegie Mellon, Georgetown und Northwestern. All das stimuliert das Denken und erweitert den Horizont der nächsten Generation. Die jungen Leute fangen an zu sehen, dass ihre persönliche Meinung vielleicht doch einen Wert hat.

Wird all das die Macht der Herrscherfamilie von Katar untergraben? Eine interessante Perspektive. Es ist bemerkenswert, dass der Emir (ihr Ehemann) 2013 den äußerst ungewöhnlichen Schritt tat, schon im Alter von einundsechzig Jahren abzudanken und ihren britisch gebildeten Sohn Tamim bin Hamad al-Thani mit nur dreiunddreißig Jahren zum Emir zu machen.

Mit der Bildung kommt auch die Berührung mit neuen Technologien: Junge Leute können online suchen und Dinge lesen, zu denen ihre Eltern nie Zugang gehabt hätten. Denken Sie nur ein paar Jahre zurück an den «Arabischen Frühling». Wie fing das alles an? Mit einem sechsundzwanzigjährigen Straßenhändler in Tunesien, der die Nase so voll von staatlichen Schikanen hatte, dass er sich selbst in Brand setzte. Wie hatte er eine solche Motivation entwickelt? Indem er den Fernsehsender «Al Jazeera» anschaute.

Demokratie kann man lernen, aber es wird seine Zeit dauern, bis sie in der islamischen Kultur Wurzeln schlagen kann. Mit Armeen jedenfalls lässt sie sich nicht erzwingen. Geduldige Entwicklung ist erforderlich. Am besten geeignet ist vielleicht das britische System, wo die Monarchin als Staatsoberhaupt und nationales Symbol ihren Platz behält, die meisten Entscheidungen aber von einem gewählten Parlament getroffen werden.

Allerdings – das ist wohl kaum die Vision des IS oder anderer terroristischer Gruppen. Sie haben keinen Sinn für allmähliche Veränderung. Aus ihrer Sicht sind die heutigen Herrscher durch den Westen schwer kompromittiert und werden durch das Öl der Region immer reicher, während sie die Hilfeschreie der Armen ignorieren. Sie wollen einen revolutionären Umsturz sehen, und zwar bald. Dafür sind sie auch bereit zu sterben. Es wäre ihnen eine Ehre.

Womit wir bei unserem nächsten Kapitel wären: Woraus speist sich die Kühnheit eines Terroristen?

Kapitel 3
Was macht jemanden zum Terroristen?

Auch der verrückteste Mensch mit der größten Psychose der Welt betrachtet sich selbst als vollkommen rational und logisch. Im Inneren seines Fieberhirns ist alles völlig klar. Seine Beweggründe erscheinen ihm absolut berechtigt. Mag sein, dass der Rest der Gesellschaft es «nicht kapiert», aber er ist ganz sicher, dass er alles richtig durchschaut.

Jedenfalls war es bei mir so in meinen späten Teenagerjahren, als ich gegen die IDF (Israeli Defense Force) kämpfte. Aus meiner Sicht hatten die Israelis meinem Volk schweres Unrecht zugefügt, und nun kämpfte ich darum, es ihnen heimzuzahlen. Ich wollte genauso blutrünstig sein wie sie.

Bei heutigen Terroristen – sei es der IS in Syrien, Al-Schabaab in Somalia oder Boko Haram in Nigeria – ist es nicht anders. Hinter den Mauern ihres Verstandes gibt es eine vollkommen durchdachte Logik. Und wir tun gut daran, ihre Denkweise zu erforschen.

Hier sind sechs Motive, die verschiedene Gruppen antreiben. Zweifellos gibt es noch andere, aber dies sind die wichtigsten. Und bei manchen Leuten überschneiden sie sich, vermischen sich und verstärken sich gegenseitig. Doch um ein Verständnis dafür zu gewinnen, werden wir sie eines nach dem anderen betrachten (ohne eine bestimmte Reihenfolge).

a) Man kann Terrorist werden, weil man verzweifelt ist über den gewaltsamen Verlust eines unschuldigen Angehörigen, Freundes oder Gruppenmitgliedes

Dies ist der naheliegendste Grund, und der am einfachsten zu verstehende. Wenn eine 500-Pfund-Bombe oder ein Drohnenanschlag das Leben Ihres geliebten Vaters, Bruders, Cousins, Neffen – oder schlimmer, Ihrer kostbaren Mutter, Schwester, Ihrer eigenen Frau oder Ihres unschuldigen Kindes – fordert, dann wird die Trauer und Wut Sie übermannen. Ihre Brust krampft sich vor Qual zusammen. Sie weinen, Sie jammern, Sie schlagen mit den Fäusten gegen die Wand, vielleicht brechen Sie auch zusammen und fallen zu Boden – und Sekunden später wollen Sie Rache nehmen.

In einer gefestigten und geordneten Gesellschaft würden Sie jetzt die Notrufnummer wählen, um die Behörden zu verständigen, und damit rechnen, dass die Polizei die Täter, wer immer sie sein mögen, finden und vor Gericht bringen wird. Dafür haben Sie schließlich jahrelang Ihre Steuern bezahlt – damit Ihnen in Ihrer Stunde der Not rasch geholfen wird.

Aber was ist, wenn Sie in einer weniger stabilen Umgebung leben, zum Beispiel im Nahen Osten? Was ist, wenn die Polizei schwach oder unterbesetzt oder schlecht ausgerüstet ist? Oder schlimmer, wenn sie aus irgendeinem Grund Ihnen gegenüber voreingenommen ist? Was ist, wenn der Staat, in dem Sie leben, mit Gerechtigkeit eher locker umgeht – oder es sich aus geschäftlichen Gründen nicht mit der Nation verderben will, die die Bombe abgeworfen hat?

In einem solchen Moment ist der Ratschlag «bleibt ruhig und versucht zu vergeben» schwer zu schlucken. Viel eher werden Sie die Sache selbst in die Hand nehmen.

Ich kann Ihnen kaum die Not beschreiben, die ich empfand, als mein Onkel und meine zwei Cousins im Sommer 2014 während des Israel-Gaza-Konflikts getötet wurden. Sie selbst waren überhaupt keine Terroristen. Sie wohnten einfach nur im Flüchtlingslager al-Breij, wo ich vor vielen Jahren geboren worden war. Israel hatte es nicht speziell auf sie abgesehen. Sie waren einfach nur Teil des Kollateralschadens im Krieg.

Ich war am Boden zerstört. Ich hatte Mühe, meine Emotionen in den Griff zu bekommen. Es war ein großer Trost, als der Pastor einer messianisch-jüdischen Gemeinde, den ich seit vielen Jahren kenne, anrief und sagte: «Tass, es tut mir so leid. Bitte vergib uns, was dort geschehen ist.» Ich weinte, und er weinte auch. «Ich weiß, was du empfindest», fuhr er fort, «und das ist absolut verständlich. Aber bitte vergiss nicht, dass wir berufen sind, unsere Feinde zu lieben und für die zu beten, die uns verfolgen.» Wir beteten am Telefon zusammen.

Es war nicht das erste Mal, dass ich den Stachel der Gewalt zu spüren bekommen hatte. 2006, als Karen und ich im Gazastreifen lebten (vor der Machtübernahme der Hamas) und den «Seeds-of-Hope»-Kindergarten für arabische Kinder gründeten, hatte ich einen Mann aus dem Ort – verheiratet, mit sieben Kindern – angestellt, um die Bäume vor dem großen Haus, das wir gemietet hatten, zu beschneiden. Das Haus hatte sechs Zimmer, so dass wir genügend Platz hatten, um Kleingruppen zu beherbergen, Schulungen durchzuführen und freiwillige Helfer aus dem Westen unterzubringen, die bei uns mitarbeiteten.

Unsere Straße stand in dem Ruf, weniger begeistert von der Hamas zu sein als andere Straßen, was uns bei den Behörden nicht sonderlich beliebt machte. Darum musste ich mich selbst darum kümmern, die Umgebung meines Hauses in Schuss zu halten, statt damit zu rechnen, dass die Stadt dafür sorgte.

Der Mann leistete ganze Arbeit mit unseren Bäumen. Er stand pünktlich wie versprochen vor der Tür, und sein Preis war fair. Um ihn zu ermutigen, sagte ich zu ihm, als er fertig war: «Sie leisten gute Arbeit, mein Freund. Hätten Sie nicht Lust, eine Landschaftsgärtnerei aufzumachen, um sich und Ihre Familie zu ernähren?»

«Das wäre schön», erwiderte er. «Aber ich habe kein Geld für vernünftiges Werkzeug ...»

«Ich werde Ihnen helfen», antwortete ich. «Ich bezahle die Ausrüstung, die Sie brauchen, und Sie geben mir 30 Prozent von Ihrem Gewinn.»

Aber dann ...

All dies geschah nur etwa einen Kilometer von der Grenze zu Israel entfernt. Wenn wir von unserem Haus aus die Straße entlang schauten, konnten wir sogar den elektrischen Zaun und die israelischen Merkava-Panzer auf der anderen Seite sehen. Von Zeit zu Zeit stürmten IDF-Kommandos über die Grenze in unsere

Nachbarschaft und durchsuchten die Häuser nach Waffen der Hamas. Heckenschützen verteilten sich über die Dächer, während die Soldaten ihre Aufklärung betrieben. Die Bewohner verkrochen sich natürlich in ihren Häusern, bis die IDF wieder weg war.

Während einer dieser Aktionen merkte mein Freund, der Baumbeschneider, dass sein Sohn, der im Grundschulalter war, gerade oben auf dem Dach war und die Hühner der Familie fütterte. Der Vater hastete die Treppe hinauf, um ihn zu holen und außer Sicht zu schaffen.

Doch in dem Moment, als er auf dem Dach ankam, durchbohrte die Kugel eines Heckenschützen sein Herz.

> Er war überrascht. Mein Angebot nahm er gern an. Binnen Kurzem hatte er sich ein blühendes Geschäft aufgebaut, sehr zur Freude seiner Frau und seiner Kinder. – Der Vater hastete die Treppe hinauf, um seinen kleinen Sohn zu holen und außer Sicht zu schaffen. In dem Moment, als er auf dem Dach ankam, durchbohrte die Kugel eines Heckenschützen sein Herz.

Nun frage ich Sie: Was wird aus den Söhnen dieses Mannes werden, wenn sie heranwachsen? Terroristen? Ich bete, dass es nicht so kommt. Aber verstehen könnte ich es. Bis heute unterstützt unser Hilfswerk Seeds of Hope diese muslimische Witwe und ihre Kinder, die natürlich die Landschaftsgärtnerei aufgeben mussten. Einigen von ihnen konnten wir sogar helfen, aufs College zu gehen.

b) Man kann Terrorist werden, weil man fest überzeugt ist, dass der Glaube seines Gegners falsch oder zumindest verfälscht ist

Dies ist die religiöse Motivation für den Terrorismus, und auf sie wird im Westen am häufigsten verwiesen. Terroristen, so wird gesagt, sind tollwütige Muslime, die Christen und Juden hassen, sie als «Ungläubige» betrachten und sie bei jeder Gelegenheit zu vernichten versuchen.

Ohne Frage trifft dies in vielen Fällen zu. Im Kern betrachtet sich der Islam (genauso wie das Christentum) als der einzige Weg: «Es gibt keinen Gott außer Allah, und Mohammed ist sein Prophet.» Das Andere akzeptiert der Islam nicht. Für «Toleranz» ist er nicht gemacht.

Mein palästinensischer Pastor Nihad Salman (Immanuel Evangelical Church in Bethlehem) hat seine theologische Ausbildung in Amerika absolviert und die Weltreligionen gründlich studiert. Er sagt:

Der IS ist nicht so sehr eine Gruppe von Menschen als vielmehr eine Ideologie. Wer immer sich diese Sichtweise zueigen macht, wird de facto zu einem Mitglied des IS. Er wird dasitzen und sich sagen: «Ach ja – Allah hat mir das Haus meines Nachbarn gegeben – und seine Frau – und seine Töchter – und sein Geld. Der Segen Allahs liegt auf mir!»

Er wird seinen Koran aufschlagen und Verse wie diese lesen:

(Gedenket der Zeit,) da dein Herr den Engeln offenbarte: «Ich bin mit euch; so festiget denn die Gläubigen. In die Herzen der Ungläubigen werde Ich *Schrecken* werfen. *Treffet (sie) oberhalb des Nackens* und schlagt ihnen die Fingerspitzen ab!» Dies, weil sie Allah Trotz boten und Seinem Gesandten. Wer aber Allah und Seinem Gesandten Trotz bietet – wahrlich, Allah ist streng im Strafen.

Dies – kostet es denn; und (wisset,) dass für die Ungläubigen die *Feuerspein* bestimmt ist (Sure 8, «Die Beute», Vers 12–14, Hervorhebung durch den Verfasser).

Könnte man sich eine noch klarere Rechtfertigung für den Terrorismus wünschen? Für einen Muslim ist es leicht, zu sagen: «Allah hat es befohlen – also lasst es uns tun! Worauf warten wir?»

Wohlmeinende Politiker versuchen diesen Aspekt zu ignorieren. Die Präsidenten George W. Bush und Barack Obama haben beide, ebenso wie andere führende Politiker der Welt, den Islam «eine Religion des Friedens» genannt. Nun, ja und nein, je nachdem, was Sie mit «Frieden» meinen. Islamische Gelehrte haben seit Jahrhunderten zwei entgegengesetzte Zustände beschrieben: das *Dar al-Salam* («Haus des Friedens») und das *Dar al-Harb* («Haus des Krieges»). Mit dem ersten ist ein Land oder eine Region gemeint, die ganz unter muslimischer Herrschaft stehen. Das zweite bezeichnet ein Land, in dem das muslimische Recht noch nicht in Kraft ist; es gilt als «unrein». Die oberste Glaubenspflicht ist es, solche Gebiete in das *Dar al-Salam* zu bringen

– angefangen im Nahen Osten und letzten Endes auf dem ganzen Planeten. Krieg ist eine notwendige Strategie auf den Weg zu diesem Ziel.

Wenn der Westen den Islam dafür kritisiert, grausam und barbarisch zu sein, lautet die Antwort eines Muslims an die Christen und Juden:

Moment mal – was hat denn euer Held David mit dem Ungläubigen Goliath gemacht? Er hat ihm den Kopf abgeschlagen! Geht nach Hause und lest den Rest der Geschichte in 1. Samuel 17.

Was hat Mose, der große jüdische Befreier, in 4. Mose 31 mit den Midianitern gemacht? Was sagt eure Heilige Schrift dazu?

Wie der Herr es befohlen hatte, kämpften die Israeliten gegen die Midianiter und töteten alle Männer … Die Frauen und Kinder nahmen sie gefangen, dazu erbeuteten sie die Viehherden und den ganzen Besitz der Midianiter. Sie verbrannten die Städte und Zeltdörfer und brachten alle Menschen, Tiere und den erbeuteten Besitz zum Lager Israels in der moabitischen Steppe am Jordan, gegenüber von Jericho.

4. Mose 31,7.9–12

War das genug Verwüstung für Mose? Nein! Er tadelte seine Heerführer dafür, dass sie die verheirateten Frauen und männlichen Kinder am Leben gelassen hatten. Er befahl ihnen, sie auch zu töten (siehe Vers 17).

Zufällig lebe und arbeite ich in Jericho, nicht weit von dem Ort, wo diese Schlacht stattfand. Die Ausgrabungsstätte des antiken Jericho ist vom Bürogebäude unseres Hilfswerks Seeds of Hope zu Fuß zu erreichen. Seit über hundert Jahren haben immer wieder Archäologen dort gearbeitet, und sie sind immer noch nicht fertig.

Was wird im Kindergottesdienst besonders herausgestellt, wenn man dort Kindern die Geschichte von dem großen Sieg erzählt, den Israel hier vor langer Zeit errang? «Die Mauern stürzten ein!» Was für ein großartiges anschauliches Bild. Josua 6,21 wird dagegen meistens ausgespart: «Mit ihren Schwertern vernichteten sie alles Leben darin: Männer und Frauen, Kinder und Greise, Rinder, Schafe und Esel.» Nur Rahab und ihre Familie kamen mit dem Leben davon.

Ich weise auf diese Fälle nicht hin, um die alttestamentlichen Schilderungen zu verunglimpfen, sondern einfach, um bewusst zu machen, dass es Bluttaten im Namen Gottes schon seit langer Zeit gibt. Und manche der heutigen Terroristen sind schlau genug, um das zu bemerken. Sie sind durchaus bereit, dieselben Methoden im Namen ihrer Religion anzuwenden.

Bluttaten im Namen Gottes gibt es schon seit langer Zeit. Und manche der heutigen Terroristen sind schlau genug, um das zu bemerken.

Auch mit denjenigen, die sich heute als Muslime bezeichnen, aber weniger fromm oder konsequent in ihrer religiösen Praxis sind, wird rau umgesprungen. In *Ich kämpfte für Arafat* erzähle ich die Geschichte, wie mein Vater einmal an einem Freitagmorgen weiter in seiner Autowerkstatt arbeitete, um einen Auftrag für den saudischen König abzuschließen, statt in die Moschee zu gehen und an den Gebeten teilzunehmen. Plötzlich kam ein *mutawwa* – ein Religionspolizist – hereingestürmt, schrie ihn an und traktierte ihn mit einer Peitsche. Ich war damals erst sieben Jahre alt, aber ich weiß heute noch, wie er meinen Vater die Straße entlangjagte und Striemen an seinem Körper hinterließ.

Andere, die religiöse Korrektheit erzwingen wollen – die Taliban in Afghanistan zum Beispiel –, haben sogar noch extremere Maßnahmen gegen diejenigen ergriffen, die sie für halbherzige Abtrünnige halten.

c) Man kann Terrorist werden, weil man angewidert ist von der Dekadenz der westlichen Gesellschaft

Mein Mitarbeiter an diesem Buch, Dean Merrill, erinnert sich, wie er eines Abends im Jahr 2000 zu einer Leiterkonferenz nach Kairo flog. Überall, wo er hinschaute – am Flughafen, auf den Straßen, an der Hotelrezeption –, sah er vorschriftsmäßig gekleidete muslimische Frauen, die den *Hidschab* (Kopftuch) trugen, die meisten in einer vollen *Abaya* (einem dunklen Gewand, das den ganzen Körper vom Hals bis zu den Schuhspitzen bedeckt). Außer im Gesicht und an den Händen war kein Quadratzentimeter Haut zu sehen.

Als er in sein Zimmer kam, schaltete er den Fernseher ein, um zu schauen, welche Kanäle das Hotel seinen Gästen zur Verfügung stellte. Welche Sendung erschien wohl als Erstes auf der Mattscheibe? «Baywatch», mit Pamela Anderson und ihren Bikini-bekleideten Mitstreiterinnen am sonnigen Strand von Malibu. Es gab sogar arabische Untertitel. So sah für die ägyptischen Fernsehzuschauer Amerika aus!

Ich kann Ihnen nicht sagen, wie oft ich schon (oftmals vergeblich) versucht habe, meine muslimischen Freunde davon zu überzeugen, dass das, was sie im Kabel- oder Satellitenfernsehen (die es jetzt in fast jedem nahöstlichen Haushalt gibt, ob arm oder reich) zu sehen bekommen, eine Karikatur des wirklichen Alltags im Westen ist. Nicht *jeder* Europäer oder Nordamerikaner ist besessen von Alkohol, Pornografie und Waffengewalt. Manche von ihnen stehen tatsächlich morgens auf, gehen zur Arbeit, halten ihre Versprechen und führen ein verantwortungsbewusstes Leben nach ethischen Leitlinien. Aber es ist schwer, das angesichts der Ergüsse aus den westlichen Medien glaubhaft zu machen.

Meic Pearse übertreibt nicht, wenn er schreibt:

Die Wahrheit ist, dass die Leute im Westen von denen aus anderen Teilen der Welt ... als reiche, technisch fortgeschrittene, wirtschaftlich und politisch dominante, moralisch verachtungswürdige Barbaren angesehen werden. ...

Warum Barbaren? Weil sie die Tradition, die Vorfahren und die Toten verachten. Weil sie die Religion verachten oder zumindest leichtfertig damit umgehen. Wegen der Oberflächlichkeit und Trivialität ihrer Kultur. Wegen ihrer sexuellen Schamlosigkeit. Wegen ihrer mangelnden Treue zur Familie bzw. zu ihrem Stamm. Wegen ihres Mangels an jeglichem Ehrgefühl.[21]

Er fährt dann fort, diese Aussagen ausführlich mit jeweils mehreren Beispielen zu belegen.

Als Amerika über ein Jahrzehnt hinweg etwa 2,5 Millionen junge Kämpfer nach Afghanistan und dann in den Irak schickte, mit all ihren Vorlieben für westliche Unterhaltung und persönliches Vergnügen, war klar, dass vor Ort ein schiefes Bild von ihnen entstehen würde. Zugegeben, viele der Soldaten verhielten sich ehrenhaft und nahmen einfühlsam Rücksicht auf muslimische Traditionen. Aber wie viele taten das nicht?

Mein leitender Mitarbeiter in der Westbank, ein feiner Araber in seinen Dreißigern, der hier in Jericho aufgewachsen ist, sagt: «In meiner Kultur ist es sehr wichtig, wie man sich kleidet, wie man sich präsentiert. Ob man Geschäfte macht oder ein Gotteshaus besucht, man muss respektvoll sein. Muslime achten sehr darauf, sich zu bedecken, sich sauber zu halten und all das.

Aber wenn sie sehen, wie Touristen in Freizeitkleidung in ein christliches Kirchengebäude gehen – mit kurzen Röcken, nackten Armen, bloßen Schultern, tiefen Ausschnitten –, dann können sie es kaum fassen. Gehen diese Leute in einen Gottesdienst oder auf eine Party? Oder in einen Nachtklub? Aus muslimischer Sicht scheint es da keine Ehrfurcht vor Gott zu geben.»

Die kulturellen Gegensätze sind zahlreicher, als es sich die meisten Leute im Westen träumen lassen. Die Menschen im Nahen Osten machen sich nicht die Mühe, darauf hinzuweisen. Sie beobachten nur, wundern sich und reden miteinander darüber. Verständlicherweise kommen sie zu dem Schluss, ihre Kultur mit ihrer Sittlichkeit, Selbstbeherrschung und respektvollen Haltung sei die überlegene. Warum sollten sie sich vom Westen darüber belehren lassen, wie sie ihre Gesellschaft oder ihr Staatswesen umgestalten können? Nein danke.

d) Man kann Terrorist werden, weil man sein Heimatland wiederhaben will

Das nächste Motiv, das manche (nicht alle) Terroristen treibt, ist die tiefe Verletzung durch den Verlust des Landes ihrer Vorfahren. Kein Land zu haben heißt in der arabischen Kultur, keine Ehre zu haben. Das war von Anfang an der Antrieb meiner früheren Gruppe, der Fatah. Jassir Arafats Leidenschaft war nicht religiös; er kämpfte nicht für die Sache des Islams. Es war immer ein weltliches Anliegen: die palästinensische Heimat zurückzugewinnen.

Als hitzköpfiger Teenager hielt ich meinem Vater in Katar folgende Rede: «Ich bin es leid, hier ‹Flüchtling› und ‹Einwanderer› genannt zu werden. Wir werden hier niemals akzeptiert werden. Ich muss in den Kampf ziehen.»

Die frühen Zionisten auf der Gegenseite lebten in der Vorstellung, das Land, das sie haben wollten, sei mehr oder weniger leer und verfügbar. Chaim Weizmann, der später Israels erster

Präsident wurde, sagte 1914 vor einem französischen Publikum: «Es gibt ein Land [Palästina] ohne Volk, und auf der anderen Seite gibt es das jüdische Volk, und es hat kein Land. Was ist dann sonst nötig, als das Juwel in den Ring einzupassen und dieses Volk mit diesem Land zu vereinen?»[22] Noch im fernen Bulgarien konnten Juden in ihren Zeitungen den griffigen Slogan lesen: «Ein Land ohne Volk für ein Volk ohne Land.»[23]

Die britische Regierung war ein wenig besser informiert, als sie sich während des Ersten Weltkriegs formell mit der Frage der jüdischen Bestrebungen befasste. Ende 1917 schrieb Lord Balfour, der britische Außenminister, an die Zionist Federation of Great Britain:

Die Regierung Seiner Majestät sieht mit Wohlwollen die Errichtung einer nationalen Heimat für das jüdische Volk in Palästina und wird alle Anstrengungen daran setzen, das Erreichen dieses Ziels zu ermöglichen, *wobei klar sein muss, dass nichts geschehen wird, was die bürgerlichen und religiösen Rechte der bestehenden nichtjüdischen Bevölkerungsgruppen in Palästina* oder die Rechte und den politischen Status, die Juden in irgendeinem anderen Land genießen, *beeinträchtigt* (Hervorhebung durch den Verfasser).

Aber natürlich verlor die Welt jene mittlere Passage im Laufe der Jahre aus dem Blick – jedenfalls bis 1948, als genug Juden (legal und illegal) in Palästina angekommen waren, um einen Staat zu gründen. Zu dieser Zeit zählten Balfours «bestehende nichtjüdische Bevölkerungsgruppen in Palästina» nach einer Schätzung der Vereinten Nationen etwa 800.000 Seelen – darunter meine Eltern und Großeltern. Mit anderen Worten, das Heilige Land war alles andere als menschenleer.

Volle 80 Prozent dieser Menschen flohen schließlich vor Krieg, Enteignung und dem Druck der benachbarten arabischen Nationen, aus dem Weg zu gehen, damit gegen Israel mit allen Mitteln Widerstand geleistet werden konnte, aus ihrer Heimat. Meine Familie gab ihre erfolgreiche Orangenplantage in Jaffa auf und kauerte drei Jahre lang in einem Flüchtlingszelt im Gazastreifen, wo ich geboren wurde. Von dort wurden wir in die saudiarabische Wüste und später nach Katar geschickt. Aber natürlich vergaßen wir nie unsere Wurzeln an der Mittelmeerküste.

Betrachten Sie es einmal so: Was wäre, wenn Ihre Familie seit vielen Generationen schon immer in Fort Wayne, Indiana gelebt hätte? Ihre Freunde wären dort, Ihre Gemeinde wäre dort, Sie hätten Ihre Schullaufbahn dort durchlaufen, Ihre Vorfahren wären auf dem Friedhof gleich am Ende der Straße begraben – dies wäre wahrhaftig Ihre Heimat. Aber dann käme eine Gruppe von Leuten und übernähme die Verwaltung der Stadt. Ehe Sie sich umschauten, würde Ihnen gesagt: «Sie müssen hier wegziehen. Wir brauchen dieses Grundstück, dieses Haus. Gehen Sie! Wir geben Ihnen eine Woche, um Ihre Sachen zu packen und ins Flachland von Nebraska oder Wyoming umzuziehen. Eine neue Zeit ist angebrochen. Hier ist kein Platz mehr für Sie.»

Sie wären natürlich außer sich und würden heftig protestie-
ren. Sie würden versuchen zu verhandeln, und, wenn das nichts
brächte, Widerstand zu leisten. Am Ende müssten Sie dennoch
fortgehen. Aber Sie würden Fort Wayne niemals vergessen.

Um ein Gefühl dafür zu bekommen, wie sich das im Heiligen
Land abgespielt hat, lesen Sie das gefeierte Buch *The Lemon Tree:
An Arab, a Jew, and the Heart of the Middle East* von Sandy Tolan.
Es erzählt die bewegende Geschichte von einem Haus mitten in
Israel mit einem Zitronenbaum hinten im Garten und von der
Verflechtung der beiden Familien, die über die Jahrzehnte dort
gewohnt haben. Kein Wunder, dass dieses Buch Preise von
«Booklist», der «American Library Association», der «Washing-
ton Post», dem «Christian Science Monitor», der BBC und ande-
ren gewann.

Als Jassir Arafat am 13. November 1974 zum ersten Mal vor der
Generalversammlung der Vereinten Nationen sprach (gegen die
Einwände der Amerikaner und Israelis), sagte er unter anderem:

Ich komme mit einem Ölzweig in der Hand. Der Unterschied
zwischen einem Revolutionär und einem Terroristen liegt in
dem Grund, aus dem man kämpft. Leute, die für eine ge-
rechte Sache einstehen und für die Befreiung von Eindringlin-
gen und Kolonisten kämpfen, darf man nicht Terroristen nennen. Jene, die Krieg führen, um andere Völker zu besetzen, zu
kolonisieren und zu unterdrücken, sind die wahren Terroristen. Das palästinensische Volk musste zum Mittel des be-
waffneten Kampfes greifen, als es den Glauben an die inter-

nationale Gemeinschaft verlor, die seine Rechte ignorierte, und als klar wurde, dass mit ausschließlich politischen Mitteln kein Zoll von Palästina zurückzugewinnen war. …

Die PLO träumt und hofft auf einen demokratischen Staat, in dem Christen, Juden und Muslime in Gerechtigkeit, Gleichheit, Brüderlichkeit und Fortschritt zusammen leben. [Von sich selbst sprechend:] Der Vorsitzende der PLO und Führer der palästinensischen Revolution appelliert an die Generalversammlung, dem palästinensischen Volk in seinem Kampf um sein Recht auf Selbstbestimmung zur Seite zu stehen. …

Und dann kam sein dramatisches Schlusswort:

Ich bin mit einem Ölzweig und dem Gewehr eines Freiheitskämpfers gekommen. Lassen Sie den Ölzweig nicht aus meiner Hand fallen.[24]

Heute, über vierzig Jahre später, gibt es mehr «Freiheitskämpfer» oder «Terroristen» (je nachdem, welchen Ausdruck Sie bevorzugen) mit mehr Gewehren, als Arafat sich je hätte träumen lassen. Die knifflige Frage einer palästinensischen Heimat ist immer noch ungelöst.

Und dieses Motiv ist größer als nur Palästina. Ende 2014 berichtete der Hochkommissar der Vereinten Nationen für Flüchtlinge, dass volle 40 Prozent der syrischen Bevölkerung (7,6 Millionen Menschen) im eigenen Land vertrieben wurden. 3,6

Millionen Iraker hatten ihre Heimat verlassen. Der Libanon versuchte, 1,1 Millionen Flüchtlinge aus dem Nachbarland aufzunehmen, während Jordanien mindestens 650.000 beherbergt.[25]

Die menschliche Sehnsucht, eine Heimat zu haben – und zu behalten –, gehört zu unseren grundlegenden Antriebskräften. Ohne Heimat werden terroristische Reaktionen nur zunehmen.

e) Man kann Terrorist werden, weil man es leid ist, tagaus, tagein diskriminiert und benachteiligt zu werden

Vergessen wir für einen Moment den historischen Hintergrund. Vergessen Sie von mir aus das Heimatlandargument ganz. Richten Sie stattdessen das Augenmerk auf das gegenwärtige Alltagsleben einer Bevölkerungsgruppe, die sich unfair behandelt fühlt.

Lassen Sie mich das anhand der Situation illustrieren, die ich am besten kenne: die der Palästinenser in der Westbank. Wären Sie einer jener 2,8 Millionen Menschen, so hätten Sie keine Stimme bei nationalen Wahlen, die darüber entscheiden, wer die wichtigen Entscheidungen in dem Land (Israel) trifft, unter dessen Herrschaft Sie leben. Sie könnten nur über lokale Angelegenheiten mit abstimmen.

Jüdisches Territorium dürften Sie nicht betreten, außer mit einer Sondergenehmigung, die schwer zu bekommen ist. Wenn Sie also nur einmal in Jerusalem oder Tel Aviv einkaufen gehen wollen – vergessen Sie es. Wenn Sie mit Ihren Kindern einen Ausflug an einen der sonnigen Mittelmeerstrände machen wollen – keine Chance ohne Genehmigung. (Eine kleine Ausnahme: An muslimischen Feiertagen dürfen Sie mit einem Charterbus zu der drittheiligsten Stätte des Islam fahren, der Felsendom-Moschee. Als arabischer Christ werden Sie an Heiligabend vielleicht durch die Kontrollen zum Krippenplatz in Bethlehem gelassen.)

Woher wissen die Behörden, wer wer ist? Ganz klar. Das Nummernschild an Ihrem Auto ist weiß mit grüner Schrift (palästinensisch), im Gegensatz zu gelb mit schwarzer Schrift (israelisch). Der Personalausweis in Ihrer Brieftasche ist grün (palästinensisch) im Gegensatz zu blau (israelisch). Jeder IDF-Soldat oder Grenzpolizist darf jederzeit verlangen, dass Sie ihn vorzeigen.

In Grenzstädten sorgen gewaltige Betonmauern (acht Meter hoch, oft mit Stacheldraht oben) dafür, dass Sie auf palästinensischem Territorium bleiben. Diese Mauern durchschneiden Wohngebiete und trennen manchmal arabische Bauern von ihren eigenen Feldern am Stadtrand.

Ländliche Gebiete haben meist keine Mauern – aber stattdessen gibt es hohe Zäune mit Stacheldraht oder gar Klingendraht, oftmals unter Strom.

Wenn ein Gebiet als «palästinensisch» gekennzeichnet ist, heißt das nicht, dass es nicht plötzlich von einer jüdischen «Siedlung» vereinnahmt würde – einer Reißbrettstadt, die innerhalb von Tagen aufgestellt wird, anfangs mit Container-Einheiten, dann bald darauf mit dauerhaften Häusern (und Parks, Schwimmbädern usw.). Mehr als hundert dieser Siedlungen liegen inzwischen an den Hängen der Westbank verstreut. Juristische Versuche von Palästinensern, ihre Besitzrechte an solchen Ländereien zu verteidigen, werden vor Gericht wegen eines Verfahrensfehlers nach dem anderen zurückgewiesen. In der Zwischenzeit wirbt die israelische Regierung mit Angeboten von bis zu 100.000 Schekel (23.500 Euro) immer mehr Siedlerfamilien an, dorthin zu ziehen.

Eine Waffe jedweder Art dürfen Sie nicht besitzen; wenn Sie mit einer erwischt werden, kommen Sie sofort ins Gefängnis. Indessen sieht man die israelischen Siedler häufig mit ihren M-16-Gewehren über der Schulter herumlaufen.

Über «gleiche Bezahlung für gleiche Arbeit» brauchen Sie gar nicht erst nachzudenken. Wenn Sie das Glück haben, einen Job auf einer israelischen Baustelle zu finden, bekommen Sie pro Stunde die Hälfte von dem, was der Israeli neben Ihnen verdient, der genau dieselbe Arbeit tut – und er bekommt noch weitere Vergünstigungen, die Ihnen vorenthalten bleiben. Aber Sie müssen schon dankbar sein, überhaupt einen Job zu haben, und halten den Mund.

Militärkontrollen gibt es überall – nicht nur an der Grenze zum eigentlichen Israel, sondern überall im Inneren der Westbank. Eine Karte, auf der die Kontrollstellen durch rote Punkte markiert sind, sieht aus wie ein schwerer Fall von Windpocken. Sie können nie wissen, ob die diensthabenden Soldaten sich Ihre Papiere anschauen und Sie rasch durchwinken oder Sie stundenlang warten lassen. (Meine eigene Frau und Tochter mussten sich – obwohl beide amerikanische Staatsbürgerinnen und sogar in den USA geboren sind – mehr als einmal an solchen Kontrollstellen einer Leibesvisitation unterziehen. Natürlich wurde nie irgendwelche Schmuggelware bei ihnen gefunden.)

Allein schon rechtzeitig zur Arbeit oder zur Uni zu kommen, ist ein ungewisses Abenteuer. Schlimmer noch, es kann auch sein, dass die Kontrollstelle, die Sie brauchen, unerklärlicherweise am betreffenden Tag geschlossen ist. Kommen Sie später wieder. Ein anschauliches Beispiel dafür wird in einem einstündigen Dokumentarfilm mit dem Titel «Life in Occupied Palestine»[26] geschildert. Das Beeindruckende an dieser DVD ist, dass sie das Werk einer äußerst intelligenten jungen Frau namens Anna Baltzer ist – eine Amerikanerin, Absolventin der Columbia University, Fulbright-Stipendiatin *und Jüdin*. Nachdem sie einige Monate in der Westbank gelebt hat, berichtet sie ruhig und überzeugend, was sie gesehen hat.

Sie erzählt von einem palästinensischen Paar, das ein Kind erwartet – sogar Zwillinge. An einem späten Abend bekommt die Frau Wehen, obwohl sie erst im siebten Schwangerschaftsmonat ist. Sie und ihr Mann wissen, dass sie so schnell wie möglich das eine Stunde entfernte große Krankenhaus in Ramallah erreichen müssen.

Unglücklicherweise gibt es jedoch auf dem Weg dorthin eine Kontrollstelle, die nur von 7 bis 19 Uhr geöffnet ist. Als sie dort ankommen, steigt der Mann aus und beginnt mit dem diensthabenden Wachmann zu verhandeln. «Ich weiß, es ist spät, aber wir haben einen Notfall. Meine Frau hat vorzeitige Wehen mit Zwillingen! Bitte lassen Sie uns durch.»

Der Soldat ist höflich, aber unerbittlich. «Es tut mir leid, aber wir öffnen erst wieder um sieben Uhr morgens. Sie werden dann wiederkommen müssen.»

Es kommt zu einem lebhaften Wortwechsel. Der Ehemann tut sein Bestes, um den Soldaten zu überreden, eine Ausnahme zu machen. Die einzige Antwort bleibt ein Nein.

Schließlich greift der Mann zu seinem Handy und ruft in Ramallah an, um seine immer verzweifeltere Frau von einem Krankenwagen abholen zu lassen. Das dauert natürlich eine Stunde. Doch als der Krankenwagen schließlich auftaucht, wendet, mit dem Heck ans Tor fährt und die Heckklappe öffnet – unterbricht der Soldat: «Nein, wir sind für alle Fahrzeuge und *Fußgänger* bis zum Morgen geschlossen», verkündet er. «Das sind meine Befehle.»

«Wollen Sie damit sagen, dass meine Frau nicht diese fünf Meter weit gehen darf, um in den Krankenwagen zu steigen?!», ruft der Ehemann.

«Das ist richtig.»

Während die Frau stöhnend im Auto sitzt, kommt dem Mann ein letzter Gedanke: Er hat drüben in Israel einen Freund mit guten Verbindungen zum Militär. Diesen Freund ruft er an und bittet ihn um Hilfe. Der Freund kennt einen hochrangigen Offizier, den er anrufen kann, obwohl es mitten in der Nacht ist. Nach einiger Zeit klingelt das Handy des Wachsoldaten, und er bekommt die Anweisung, in diesem Fall eine Ausnahme zu machen.

Die verzweifelte werdende Mutter schleppt sich zu dem Krankenwagen – aber erneut senkt sich das Gewehr des Soldaten und hindert ihren Mann daran, ihr zu folgen. Dieser kann nur entsetzt zusehen, wie seine Frau dort im Krankenwagen die Kinder zur Welt bringt. Die Schreie erst eines und dann zweier frühgeborener Zwillinge beweisen, dass sie zumindest am Leben sind und atmen. Der Krankenwagen rast auf der holprigen Straße nach Ramallah davon in die Dunkelheit.

Doch als er das Krankenhaus erreicht – sind beide Babys tot.

Es hat eine gewisse Ironie, wenn man sich daran erinnert, dass es vor nicht einmal achtzig Jahren die Juden waren, die in Polen, Ungarn, der Ukraine und Weißrussland in Gettos zusammengetrieben wurden. Eingesperrt, ständig überwacht und schikaniert, führten sie ein elendes Leben. Und nun gehen ihre Enkelkinder, ohne es sich bewusst zu machen, ganz ähnlich gegen eine andere ethnische Gruppe vor, die als unerwünscht und unwillkommen gilt. Es ist eine alte Binsenweisheit: Verletzte Menschen verletzen Menschen.

Der Fairness halber sei gesagt, dass eine große Zahl nachdenklicher Israelis heute Bedenken gegen dieses Vorgehen äußern. Prominente Zeitungen wie «Haaretz» bringen Leitartikel, in denen die gegenwärtige Abschottungsstrategie unverblümt als «eine unerklärliche, fehlerhafte und empörende Politik» bezeichnet wird, «die antisemitische Vorurteile nährt. ... Sie ist eine Gefahr für das weltweite Judentum und nervenzermürbend für Israels enge Freunde.»[27]

Sogar Ariel Scharon sagte als Ministerpräsident 2003: «Das Wort kann einem nicht gefallen, aber was hier geschieht, ist eine Besatzung – 3,5 Millionen Palästinenser leben unter einer Besatzung. Ich finde das schrecklich, sowohl für Israel als auch für die Palästinenser.»[28] Scharon ist nun tot, und ob die interne öffentliche Meinung eines Tages eine Veränderung in der israelischen Regierungspolitik bewirken wird, bleibt abzuwarten.

«Das Wort kann einem nicht gefallen, aber was hier geschieht, ist eine Besatzung – 3,5 Millionen Palästinenser leben unter einer Besatzung. Ich finde das schrecklich.» – Der israelische Ministerpräsident Ariel Scharon, 2003

In der Zwischenzeit rasseln junge Palästinenser mit ihren Ketten. Arbeitsplätze sind rar, zumal die Unternehmen es schwer haben, Zugang zu Außenmärkten zu bekommen. Die Arbeitslosigkeit in der Westbank liegt dicht bei 20 Prozent. Im Gazastreifen ist es doppelt so schlimm: Dort liegt die Arbeitslosigkeit bei 43 Prozent, laut Weltbank die höchste der Welt. Und bei den jungen Leuten dort sind es sogar über 60 Prozent.[29]

Wenn man Tag für Tag in der heißen Sonne sitzt, ohne etwas zu tun zu haben, dann hat der Gedanke, es der Besatzungsmacht heimzuzahlen – auch wenn man weiß, dass man keinen Erfolg haben wird –, einen unwiderstehlichen Reiz. Es ist einfach unrealistisch, Menschen in Gefangenschaft zu stecken und ihnen zu sagen, sie sollen sich «benehmen». Manche von ihnen werden sich *nicht* benehmen, und aus dieser Reaktion entsteht Terrorismus.

Thomas L. Friedman, dreifacher Pulitzer-Preisträger sowie Gewinner eines National Book Award für Sachliteratur, fand folgende Worte: «Die Demütigung ist der Schlüssel. Ich war schon immer der Ansicht, dass Terrorismus nicht aus Geldmangel geboren wird. Er wird aus dem Mangel an Würde geboren. Demütigung ist die am meisten unterschätzte Kraft in den internationalen wie auch in den menschlichen Beziehungen. Wenn Menschen oder Nationen gedemütigt werden, dann geschieht es, dass sie wirklich um sich schlagen und zu extremer Gewalt greifen.»[30]

Thomas Friedman ist übrigens Jude.

f) Man kann Terrorist werden, weil man Amerikas unerschütterliche Unterstützung für das moderne Israel nicht ertragen kann

Schließlich beobachten etliche Muslime die unerschütterliche Unterstützung der Vereinigten Staaten für den modernen Staat Israel und fühlen sich instinktiv dadurch angegriffen. Jahr um Jahr erleben sie, wie im Sicherheitsrat der Vereinten Nationen Resolutionen, die in ihren Augen gerecht und fair sind, durch das amerikanische Veto zu Fall gebracht werden. Sie wissen, dass ein großer Teil von Israels furchterregendem Waffenarsenal mit US-Dollars bezahlt wurde.

Bitte verstehen Sie mich nicht falsch. Ich stehe zu Israels Recht, eine Nation zu sein. Für den alten arabischen Schlachtruf «Treibt die Juden ins Meer» habe ich nichts übrig. Die Juden sollten in diesem Land ebenso willkommen sein wie jeder andere auch. Ihre Bedürfnisse nach Sicherheit und Unversehrtheit sind fundamental.

Die Frage ist eher, wie diese Bedürfnisse gegen andere berechtigte Ansprüche abzuwägen sind. Die gegenwärtige US-Unterstützung für Israel beläuft sich auf jährlich über 3,1 Milliarden Dollar – die größte Summe, die Amerika irgendeiner Nation auf dem Globus zur Verfügung stellt. Und das aus einem Land, das gar nicht so viel Geld übrig hat: Die amerikanischen Staatsausgaben lagen in den letzten Jahren um mindestens 15 Prozent höher als die Einnahmen.[31] Doch an der Unterstützung für Israel wird nicht gespart.

Das sage ich nicht, um zu kritisieren, wie die US-Regierung ihr Geld ausgibt. Die Unterstützung Israels als Grundstein der Außenpolitik reicht zurück bis 1922, als der Kongress die Lodge-Fish-Resolution für «die Errichtung einer nationalen Heimat für das jüdische Volk in Palästina» verabschiedete. Dazu kommt, dass viele amerikanische Christen sich moralisch verpflichtet fühlen, sich in jeder Hinsicht für Israel einzusetzen, weil sie es als Gottes auserwähltes Volk betrachten.

«Terrorismus wird nicht aus Geldmangel geboren. Er wird aus dem Mangel an Würde geboren.» –
Pulitzer-Preisträger Thomas L. Friedman

Es trifft auch zu, dass die Vereinigten Staaten der Palästinensischen Autonomiebehörde (dem Interimsgremium, das durch die Osloer Vereinbarungen von 1993 eingerichtet wurde, um Teile der Westbank und Gazas zu verwalten – wenn auch Gaza inzwischen unter der Hamas seinen eigenen Weg geht) Geld zur Verfügung stellen. In meiner Stadt Jericho und anderswo sieht man große Schilder, die verkünden, ein Wasserprojekt oder eine Straße seien als «Geschenk des amerikanischen Volkes» mit USAID-Mitteln gebaut worden. Aber die Beträge können nicht annähernd mit den Geldern mithalten, die der israelischen Seite zufließen.

Und so war es seit Jahrzehnten. Ältere Amerikaner werden sich an das schockierende Attentat auf den zweiundvierzigjährigen Senator Robert F. Kennedy am 5. Juni 1968 erinnern, nachdem dieser gerade die kalifornischen Vorwahlen der Demokratischen Partei für die Präsidentschaftskandidatur gewonnen hatte. Als er gerade vom Rednerpult kam, wurde er in der Küche des Ambassador-Hotels in Los Angeles niedergeschossen, keine fünf Jahre, nachdem sein älterer Bruder John, der fünfunddreißigste Präsident des Landes, auf den Straßen von Dallas (Texas) ermordet worden war.

Wer war es, der Bobby Kennedy kaltblütig ermordete? Es tut mir weh, es zuzugeben: ein vierundzwanzigjähriger Palästinenser namens Sirhan Sirhan.

Warum brachte er ihn um? Weil Kennedy im Zuge seines Wahlkampfes öffentlich versprochen hatte, Israel die fünfzig Phantom-Kampfjets zu verkaufen, die es haben wollte. (Sowohl die Regierung von Präsident Lyndon Johnson als auch das US-Militär hatten sich damit schwergetan.) Sirhan gab das unumwunden zu und sagte dem Fernsehjournalisten David Frost Jahre später in einem Interview: «Meine einzige Verbindung zu Robert Kennedy war seine einseitige Unterstützung Israels und sein bewusster Versuch, diese fünfzig Bomber nach Israel zu schicken, offensichtlich, um den Palästinensern zu schaden.»[32]

Sirhan Sirhan, inzwischen Anfang siebzig, sitzt bis heute in einer kalifornischen Gefängniszelle.

Kennedys Blut war nicht das einzige amerikanische Blut, das im Zusammenhang mit einer proisraelischen Haltung vergossen wurde. Bis heute wüten Terroristen gegen eine aus ihrer Sicht blinde Loyalität gegenüber einem zweifelhaften Regime. Als Nasir al-Wahishi, der zweite Mann der Al-Qaida und Kommandant ihres jemenitischen Zweiges, zusammen mit anderen bei einem US-Luftschlag im Juni 2015 getötet wurde, ließ ein Sprecher in einem Video-Nachruf keine Fragen offen: «Das Blut dieser Pioniere macht uns nur noch entschlossener zum Opfer. Die Vereinigten Staaten werden den bitteren Geschmack des Krieges und der Niederlage schmecken, bis ihr aufhört, die Juden, die Besatzer Palästinas, zu unterstützen, bis ihr die Länder der Muslime verlasst und aufhört, abtrünnige Tyrannen zu unterstützen.»[33]

Wie schon zu Beginn dieses Kapitels gesagt, ist nicht jeder Terrorist von allen diesen sechs Motivationen getrieben. Bei manchen sind es nur eine oder zwei davon. Aber quer durch die Landschaft der terroristischen Gruppen sind dies die Hauptfaktoren hinter der grauenhaften Gewalt, die wir jede Woche überall auf der Welt beobachten können.

Diese Leute sind nicht «einfach nur verrückt». Sie sind nicht auf billige Abenteuer aus. Sie sind als Einzelne oder Gruppen auf einem Feldzug, um große Veränderungen herbeizuführen, auch wenn das bedeutet, dass sie Taktiken anwenden, die uns alle schockieren und entsetzen. Sie meinen es ernst damit, eine Zukunft sehen zu wollen, die anders ist als die Vergangenheit.

«Die Wahrheit ist, dass die Leute im Westen als reiche, technisch fortgeschrittene, wirtschaftlich und politisch dominante, moralisch verachtungswürdige Barbaren angesehen werden.» – Meic Pearse

Kapitel 4

Tiefe Wurzeln

Wie sind wir in diese komplizierte Situation geraten? Wie ist dieser ganze Konflikt überhaupt entstanden? Jeder Lehrer, der bei einer Prügelei auf dem Schulhof oder auf dem Flur dazwischengeht, will wissen: «Wer hat angefangen? Wer hat wen beleidigt? Wer hat zuerst zugeschlagen?»

Eine akkurate Antwort ist nicht leicht zu bekommen. Und so ist es auch im Nahen Osten.

Aber ich werde Ihnen meine Antwort geben – und sie wird Sie vielleicht überraschen.

Die Spur zurückverfolgen

War es die amerikanische Bombardierung, die am Abend des 21. März 2003 mit solcher Gewalt über Bagdad hereinbrach und einen Krieg aufgrund der Prämisse auslöste, dass Saddam Hussein über Massenvernichtungswaffen verfügte? Nein, das war nicht der Anfang.

War es der erste Golfkrieg Anfang 1991 – «Operation Wüstensturm» –, durch den die irakischen Streitkräfte aus dem Nachbarland Kuwait vertrieben wurden? Nein.

War es die formelle Ausrufung des neuen Staates Israel am

14. Mai 1948? Dies war zweifellos ein Katalysator für den muslimischen Widerstand gegen einen jüdischen Staat im Herzen
der islamischen Nachbarschaft. Aber die Spannung hatte sich
schon lange vor diesem historischen Tag aufgebaut.

War es das britische Mandat für Palästina, verliehen vom Völ-
kerbund nach dem Ersten Weltkrieg, durch das Großbritannien
die ganze Region beherrschen konnte, wie es ihm richtig erschien? Nein.

War es die blutige Eroberung Konstantinopels (des heutigen
Istanbul) am 29. Mai 1453, die das Ende dessen bedeutete, was
vom Oströmischen Reich (Byzanz) noch übrig war, die Hagia
Sophia in eine Moschee verwandelte und eine jahrhunderte-
lange osmanische Herrschaft einläutete? Nein.

Waren es die sieben Kreuzzüge im zwölften und dreizehnten
Jahrhundert, als eine Reihe von Päpsten Heere europäischer Ka-
tholiken aufrief, hinzugehen und die heiligen Stätten Jerusalems
aus der muslimischen Herrschaft zu befreien? Sie säten ganz sicher viel Wut und Zorn. Aber sie bringen uns nicht zurück an
den Anfang.

War es der muslimische Eroberungszug quer durch Nordafrika und bis hinauf nach Spanien und Südfrankreich im siebten Jahrhundert, der katholische Städte und Institutionen bis
zum Atlantik auslöschte? Ein dramatischer Siegeszug, sicher.
Aber nicht der Ursprung dessen, was wir heute erleben.

War es die wundersame Geburt und das Wirken von Jesus zu
Beginn des ersten Jahrhunderts unserer Zeitrechnung, in denen
sich ein völlig neues «Reich Gottes» ankündigte? Zugegeben, die

jüdische Hierarchie jener Zeit geriet über sein Wirken so außer sich, dass es ihr gelang, die römischen Behörden dazu zu bewegen, ihn zu strafen. Aber das Neue Testament gibt keinen Hinweis auf irgendwelche arabischen Animositäten ihm gegenüber. Der muslimische Glaube war ja noch gar nicht entstanden.

Ärger auf dem Fest

Nein, der erste Funke wurde an einem späten Abend in einem Zelt in der Wüste (so können wir uns vorstellen) während eines Gesprächs zwischen einem Mann und seiner Frau geschlagen. Sie waren zweifellos müde und erschöpft, nachdem sie ein großes Fest zu Ehren ihres kleinen Sohnes gegeben hatten, der gerade entwöhnt war. Die vielen Gäste waren endlich gegangen, der Junge lag selig schlafend auf seiner Matratze, und Diener räumten das schmutzige Geschirr und die Essensreste weg.

Aber nicht alles war an diesem Tag perfekt gelaufen. Während alle anderen lächelten und sich in Lobgesängen auf Saras kleinen Sohn ergingen, hatte sie einen bestimmten Moment bemerkt, der sie wütend gemacht hatte. Ismael, der schlaksige sechzehnjährige Sohn, den Abraham[34] auf ihren Vorschlag hin mit ihrer ägyptischen Sklavin Hagar gezeugt hatte, hatte mit höhnischer Miene am Rande des festlichen Treibens gestanden. Er ließ den Teenager heraushängen, würden wir vielleicht heute sagen. So hatte sich Sara das nicht vorgestellt, als sie Jahre zuvor vorgeschlagen hatte, eine Leihmutter zu benutzen, damit endlich das lang erwartete Kind ins Haus kam.

Über ein Jahrzehnt lang war Ismael Abrahams und Saras Ein und Alles gewesen. Ganz zu Anfang hatte es Sara ein wenig verdrossen, als ihr Plan tatsächlich funktionierte und Hagar schwanger geworden war. Doch schon nach kurzer Zeit war sie offenbar über ihre Eifersucht hinweg, und das Leben hatte seinen natürlichen Lauf genommen. Ismael, der Erstgeborene, würde ihr Erbe sein. Auf Gottes Weisung hin wurde er von seinem Vater beschnitten.

Doch gleichzeitig mit dieser Weisung hatte Gott ihnen eine überraschende Neuigkeit mitgeteilt: Sara selbst sollte, obwohl sie die Wechseljahre längst hinter sich hatte, ihren eigenen biologischen Sohn bekommen! Sie konnte es nicht glauben. Aber nun war es dennoch Wirklichkeit geworden. Sie hatte geschmunzelt, als Abraham dem neugeborenen Jungen den Namen Isaak gegeben hatte (was soviel bedeutet wie «er lacht»).

Nun jedoch, am Abend des großen Festes, lachte Sara nicht mehr. Ihr war etwas deutlich bewusst geworden: Zwei Jungen in dieser Familie waren einer zu viel! Mit feurigen Blicken schaute sie ihren Mann an und äußerte ihre Forderung: «Jag diese Sklavin und ihren Sohn fort! Ich will nicht, dass mein Sohn Isaak mit ihm das Erbe teilen muss!» (1. Mose 21,10).

> Nun jedoch, am Abend des großen Festes, lachte Sara nicht mehr. Ihr war etwas deutlich bewusst geworden ...

Abraham versuchte sie zu beruhigen, wie es Männer oft tun, wenn sie sich einer aufgebrachten Ehefrau gegenübersehen. Die Bibel berichtet, Abraham sei «damit gar nicht einverstanden» gewesen, «denn schließlich war auch Ismael sein Sohn» (1. Mose 21,11) – der Sohn, in den er so viel investiert und für den er so große Hoffnungen hatte. Erst als Gott Saras Forderung zustimmte, gab Abraham widerstrebend nach.

Sie wollen wissen, was das alles mit dem heutigen Nahostkonflikt zu tun hat? Lesen Sie weiter ...

Die Vertreibung

Hagar war zweifellos geschockt, als Abraham ihr am nächsten Morgen die Neuigkeit überbrachte, sie und ihr heranwachsender Sohn müssten fort – *jetzt gleich*. Wo sollten sie hin? Sie lebten seit einer Ewigkeit in diesem Haushalt. Ismael hatte nie ein anderes Zuhause gekannt. Was sollte das? Wie sollte Hagar eine andere Stellung finden, ein anderes Obdach in dieser wilden, rauen Landschaft? Der Gedanke, als alleinstehende Mutter weiterzuleben zu müssen, muss sie zutiefst erschreckt haben.

Viele Antworten scheint Abraham nicht für sie gehabt zu haben. Er benahm sich merkwürdig kalt ihr gegenüber. Obwohl er ein reicher Mann war, gab er ihr nur «etwas zu essen und einen Ledersack voll Wasser, hängte Hagar alles über die Schulter und schickte sie mit ihrem Sohn weg» (1. Mose

21,14). Er gab ihnen nicht einmal einen Esel zum Reiten oder um ihre hastig zusammengerafften Habseligkeiten zu tragen.

Sie wusste nicht, wohin sie sich wenden sollte. Zweifellos brannten ihr Tränen in den Augen, als sie und Ismael sich auf den Horizont zu in Bewegung setzten. Womit hatte sie das verdient? Die sengende Sonne stieg am Himmel immer höher. Der Sand wurde heißer und heißer unter ihren Füßen. Ihre Lippen waren ausgedörrt. Sie griff nach dem Wasserschlauch. Ismael hatte auch Durst.

Nach weiteren fünfzehn Minuten hielten sie an, um wieder etwas zu trinken – und dann schon bald danach wieder. Es dauerte nicht lange, bis der Wasserschlauch leer war. Ismael kippte ihn dem Himmel entgegen, um die letzten Tropfen herauszulocken. Und jetzt waren sie eindeutig in Not.

Verstoßen!

Hagar und ihr Sohn starben nicht an jenem Tag. (Auf diesen Teil der Geschichte kommen wir im neunten Kapitel dieses Buches zurück.) Gott griff ein, und sie überlebten und fanden einen Weg, sich ein neues Leben aufzubauen. Die Bibel fasst zusammen: «Gott kümmerte sich auch weiterhin um Ismael. Er wuchs heran und wurde ein guter Bogenschütze. Er lebte in der Wüste Paran, und seine Mutter gab ihm eine Ägypterin zur Frau» (1. Mose 21,20–21).

Im Laufe der Zeit wurde er Vater von zwölf Söhnen, während sein begünstigter Halbbruder Isaak nur zwei hatte. Ismaels Söhne wurden zu den «Begründern von zwölf Stämmen», heißt es in 1. Mose 25,16. Aus ihnen wurde ein großes Volk. Wir wissen wenig über diese Stämme – außer dass die Bibel erklärt, dass niemand sie vertreiben konnte und sie in der Nähe ihrer Verwandten wohnten (Vers 18). Der Text legt nahe, dass das Verhältnis zu ihren Verwandten angespannt war.

Ich finde das völlig verständlich für die Nachkommen eines Mannes, dessen Vater ihn aus fadenscheinigen Gründen verstoßen hatte. Was war denn schon dabei, dass er auf dem Fest für seinen kleinen Bruder die Augen verdreht und Grimassen geschnitten hatte? Musste er deswegen all seine Rechte als Erstgeborener, sein gesamtes Erbe, ja selbst das Dach über seinem Kopf verlieren? Man kann sich vorstellen, wie der Bogenschütze Ismael in der Wüste das Zielen übte und sich dabei das Gesicht seines Vaters als Mitte der Zielscheibe vorstellte. *Du hast mich ohne jeden Grund fortgejagt! Du hast Mutter und mich beinahe vor Hitze umkommen lassen! Du hast mich verstoßen! Eines Tages, eines Tages – warte nur ab ...*

> Was war denn schon dabei, dass er auf dem Fest für seinen kleinen Bruder die Augen verdreht und alberne Gesichter geschnitten hatte? Musste er deswegen all seine Rechte als Erstgeborener, ja selbst das Dach über seinem Kopf verlieren?

Die heutigen Nachkommen Ismaels sind, soweit die Historiker es feststellen können, die arabischen Völker, oder zumindest große Teile von ihnen. Wir Palästinenser sind Ismaeliten. Ebenso die Saudis, die Jordanier, die Iraker, die Kuweiter, die Katarer und die Leute aus den Vereinigten Arabischen Emiraten. Wir alle stammen von dem Mann ab, der von seinem Vater verstoßen wurde. Und wir tragen diese Wunde bis heute in uns, wenn nicht ein größerer Vater uns wieder geheilt hat.

Damit will ich keineswegs sagen, dass die meisten Araber sich heute noch bewusst daran erinnern, was sich an jenem Schicksalsmorgen vor etwa vier Jahrtausenden vor Abrahams Zelt ereignet hat. Ich sage lediglich, dass ein unbewusster Strom der Verletzung und des Grolls in ihnen fließt, der von Generation zu Generation weitergegeben wird – ein unbestimmtes Gefühl, dass sie hereingelegt worden sind. Wenn ihnen irgendetwas unterkommt, was ihnen unfair erscheint, verbindet sich das rasch mit diesem Urgefühl.

In meinem ersten Buch schrieb ich dazu:

Das Problem, das Juden und Araber bis heute, fast 4000 Jahre später, in Atem hält, ist dasselbe. Es ist die Haltung, die sagt: *Du gehörst nicht dazu. Ich will dich nicht dabei haben. Verschwinde einfach, okay? Ich nehme dich nicht ernst. Wenn du verhungerst oder verdurstest, ist mir das eigentlich egal. Hau ab. ...*

Der Terrorismus und die Gewalt in der heutigen Welt sind der arabische Aufschrei: «Was ist mit uns? Sind wir es nicht wert, dass irgendjemand uns Aufmerksamkeit und Respekt erweist?» Damit will ich diese Taten keineswegs rechtfertigen. Es gibt viel bessere Möglichkeiten, Probleme zu lösen. Aber wenn man es recht bedenkt, bemüht sich dieses Volk nach vierzig Jahrhunderten immer noch um Anerkennung. Ismael wurde aus dem Lager seines Vaters Abraham verstoßen – und seine Nachkommen versuchen bis heute, wieder hineinzukommen.[35]

Der Stand der Dinge

Nach der erschütternden Blamage des Sechstagekrieges (1967) machte sich insbesondere unter den Palästinensern eine große Hoffnungslosigkeit breit. Wir kamen zu dem Schluss, dass die arabische Führung in den umliegenden Nationen überhaupt nicht vertrauenswürdig war. Wir würden die Sache selbst in die Hand nehmen müssen. Unser Werkzeug dafür würde die Fatah sein.

Natürlich war uns nicht entgangen, dass Israels rascher Sieg teilweise seiner europäischen und amerikanischen Bewaffnung zu verdanken war. Also beschlossen wir, auch diesen Nationen zuzusetzen, indem wir ihre Flugzeuge entführten und ihre Leute kidnappten. Die spektakulärste Aktion in jenen Jahren war der Überraschungsangriff auf die Olympischen Sommerspiele 1972 in München, wo elf israelische Sportler als Geiseln genommen und schließlich getötet wurden, ebenso wie ein deutscher Polizist.

Unser Anführer Jassir Arafat war nicht völlig einverstanden mit diesem Terrorismus, aber er versuchte auch nicht, ihn zu unterbinden. Immerhin wurde dadurch die Aufmerksamkeit der Welt geweckt. Er brachte die Leute dazu, sich zu fragen: «Was ist hier eigentlich los?»

Heute, über vierzig Jahre später, hat sich nicht viel verändert. Die Geschichte wiederholt sich immer wieder aufs Neue: Tief im Innern sehnen sich die Araber immer noch danach, ernst genommen zu werden. Junge Leute beobachten sehr genau und werden immer desillusionierter. Sie sind es leid, auf eine Veränderung zu warten, die nie ganz eintritt. Sie sind der immer wieder bröckelnden Friedensvereinbarungen überdrüssig.

> Tief im Innern sehnen sich die Araber immer noch danach, ernst genommen zu werden. Junge Leute beobachten sehr genau und werden immer desillusionierter.

So viele Diktatoren sind gekommen und gegangen, so viele Interventionen durch die westlichen Mächte sind wie die Wellen der Brandung ans Ufer geschlagen, um sich dann wieder zurückzuziehen. Lag es irgendjemandem von ihnen wirklich am Herzen, eine Lösung herbeizuführen? Oder versuchten sie einfach nur kaltschnäuzig, die ganze Region im Aufruhr zu halten und die Araber aufeinander losgehen zu lassen, damit Israel sich in Ruhe zurücklehnen konnte? Wenn nun der IS in den sozialen Medien junge Leute in Europa oder Nordamerika für den Kampf für echte Veränderung anzuwerben versucht, hört sich das für viele an wie ein großes Abenteuer. Wenn ein junger Mensch sowieso vom Leben gelangweilt ist oder Ärger mit den Eltern und dem Gesetz hat – warum nicht?

Wenn dann die Rekruten tatsächlich in die Türkei fliegen und nach Syrien oder in den Irak weiterreisen, sieht die Sache natürlich ganz anders aus, als sie es sich vorgestellt haben: Die Wirklichkeit des Alltags in einem Terroristenlager ist viel härter. Offenbar ist das doch nicht das Patentrezept, das sie erwartet hatten.

Aber was ist dann die Antwort für diesen Migräneschmerz der Welt namens Naher Osten? Wie können Muslime, Juden, Christen und Nichtreligiöse je eine friedliche und von gegenseitigem Respekt geprägte Zukunft finden?

Zweiter Teil

Was können wir jetzt machen?

Kapitel 5
Wir können uns Sorgen machen

2014 führte die Chapman University eine formelle Umfrage zu der Frage durch, was den Amerikanern am meisten Angst macht. Nachdem sie mit etwa 1500 zufällig ausgewählten Menschen gesprochen hatten, ordneten die Forscher die Antworten verschiedenen Kategorien zu, zum Beispiel *Persönliche Ängste* (etwa nachts alleine durch die Stadt gehen, seinen Job verlieren oder vor einem großen Publikum sprechen müssen), *Naturkatastrophen* (Überschwemmungen, Erdbeben, Tornados, Hurrikane usw.) und *Verbrechen* (Entführung des eigenen Kindes, sexuelle Übergriffe, Einbrüche usw.).

Eine weitere Kategorie trug die Überschrift *Von Menschen verursachte Katastrophen*. Raten Sie mal, was ganz oben auf der Liste stand?

Antwort: Terrorattacken. Fast jeder fünfte Teilnehmer (19,7 Prozent) sagte, er sei «sehr besorgt», dass eine der Gruppen, die wir in diesem Buch beschrieben haben – oder ein sympathisierender Einzeltäter –, plötzlich irgendwie in ihrer Nähe zuschlagen könnte. Auf den folgenden Plätzen in diesem Segment lagen (2) ein Weltkrieg, (3) der Niedergang der USA, (4) der wirtschaftliche Zusammenbruch und (5) ein nuklearer oder biologischer Angriff.[36]

Wohlgemerkt, diese Leute lebten Tausende von Meilen vom Nahen Osten entfernt. Wie viel höher wären die Zahlen wohl ausgefallen, wenn diese Umfrage in Damaskus, Kabul, Tel Aviv oder Mombasa durchgeführt worden wäre? Aber wie wir bereits bemerkt haben, ist Entfernung kein sehr wirkungsvoller Schutz vor der Reichweite des Terrorismus. Nirgendwo auf dem Erdball ist Sicherheit garantiert.

Wenn Sie hin und wieder fliegen, haben Sie vielleicht noch gut in Erinnerung, wie Sie zum ersten Mal nach dem 11. September in ein Flugzeug gestiegen sind. Haben Sie auf dem Weg durch den Mittelgang zu Ihrem Sitzplatz einmal auf die Gesichter Ihrer Mitpassagiere geachtet? Haben Sie darüber spekuliert, wer von ihnen vertrauenswürdig und wer verdächtig aussah? Solche Besorgnisse waren vollkommen verständlich.

Ich erinnere mich, dass ich *vor* dem 11. September kaum jemals zu Vorträgen eingeladen wurde. Niemand wollte etwas über die muslimischen Realitäten hören. Pastoren und Gemeinden waren nicht interessiert.

Dann stürzten die Zwillingstürme. Ins Pentagon wurde eine tiefe Wunde geschlagen. Ein weiteres Flugzeug war auf dem Weg nach Washington (zum Weißen Haus?), bis über dem Westen von Pennsylvania wagemutige Passagiere eingriffen.

Vor dem 11. September wurde ich kaum jemals zu Vorträgen eingeladen. Dann stürzten die Zwillingstürme ...

Plötzlich hörte mein Telefon gar nicht mehr auf zu klingeln. Amerikaner, Kanadier und Europäer waren alle in heller Aufregung und riefen: «Ach du meine Güte – was ist denn da los?»

Bis zum heutigen Tag verfolgt uns in unseren Träumen die Möglichkeit, dass irgendein Dschihadist mit westlichem Pass nach Hause kommt und unsägliche Gräueltaten verübt. Ein Zitat aus dem alten Horrorfilm «Die Fliege» («The Fly») klingt uns ständig in den Ohren: «Habt Angst, habt große Angst.»

Tiefer liegende Quellen

Sorge und Furcht ergeben sich aus zwei Grundlagen: *Fakten* (das, was bereits passiert ist) und *Projektionen* (das, wovon wir glauben, es könnte in nächster Zukunft geschehen).

Natürlich besteht immer die Möglichkeit, dass das, was wir Fakten nennen, nicht ganz stimmt. Es ist übertrieben durch Hörensagen, Talkshows im Radio und Fernsehen oder durch unsere eigenen Denkvoraussetzungen. Viele Besucher unserer Arbeit in Jericho, so habe ich festgestellt, gingen davon aus, die Palästinenser in der Westbank seien von Natur aus gefährlich und stünden immer nur herum und hielten Ausschau nach Ausländern, die sie umbringen könnten – obwohl unsere Stadt mit 18.000 Einwohnern, wie ich Ihnen bereits gesagt habe, zurzeit sehr friedlich ist. Die Polizisten der Palästinensischen Autonomiebehörde hier tragen noch nicht einmal Waffen.

Es kommen regelmäßig Touristengruppen zu uns, und es ist fast lustig, die Gesichter der Leute zu sehen, wenn sie aus den Bussen steigen. Ihre Blicke zucken hin und her, ob sich vielleicht irgendwo ein Zeichen der Gefahr zeigt. Nachdem wir sie hereingebeten haben und ich ihnen mein persönliches Zeugnis und eine PowerPoint-Präsentation darüber vorgetragen habe, was Seeds of Hope hier macht, fangen sie an, sich zu entspannen. Wenn dann erst einmal das Mittagessen mit gebratenem Lamm, Fladenbrot, Hummus und frischen Salaten auf dem Tisch steht, kommen die Gespräche in Gang.

Ich erinnere mich, wie ein Tisch voller Leute aus Schweden über irgendetwas in lautes Gelächter ausbrach. Ich ging zu ihnen hinüber und fragte, was denn so lustig sei. Einer von ihnen erklärte mir auf Englisch: «Bevor wir heute hierherkamen, hatten wir extra eine Gebetszeit für unsere Sicherheit!» Das kam ihnen jetzt urkomisch vor.

Ein anderes Mal hatte sich eine Jüdin von Ende vierzig – eine messianische Gläubige aus Amerika, die nach Israel ausgewandert war – als ehrenamtliche Mitarbeiterin für ein kleines Team zur Verfügung gestellt, das uns half, muslimische Frauen aus der Nachbarschaft zu erreichen, besonders die Mütter unserer Kindergartenkinder. Allerdings hatte sie eine Todesangst davor, tatsächlich nach Jericho zu kommen. Wir mussten sie an der Straßenkreuzung außerhalb der Stadt abholen, wo sie ihr Auto zurückließ, weil sie Angst hatte, es würde in der Stadt Vandalen zum Opfer fallen.

Irgendwann während des ersten Nachmittags sagte ich zu ihr: «Du scheinst dich zu fürchten.»

«Ja», gestand sie.

«Aber warum denn?», fragte ich. «Du und die anderen, ihr

seid doch hier bei mir, eurem Bruder in Christus. Glaubst du denn, ich würde zulassen, dass euch etwas passiert?»

«Nein, das würdest du bestimmt nicht», gab sie zu.

«Siehst du hier irgendjemanden mit einer Maschinenpistole auf der Straße herumlaufen, der Ausländer umbringen will?»

Nein, räumte sie ein, so etwas habe sie nicht gesehen.

«Dann entspann dich doch einfach», sagte ich. «Bleib ein paar Tage hier und schau dir an, wie es hier läuft. Ich glaube, du wirst merken, dass es hier sehr friedlich ist.»

Sie und die Gruppe blieben über Nacht und waren am nächsten Morgen wieder zur Stelle, um ihre Arbeit fortzusetzen. Noch ehe der Tag um war, kam die Frau zu mir. «Ich schäme mich so!», sagte sie. «Zu Hause sehe ich mehr Israelis mit Gewehren über der Schulter als hier.»

Missverständnisse

Das heißt freilich nicht, dass gewisse Symbole nicht eine Reaktion hervorriefen, und wäre es unbeabsichtigt. Einmal kaufte ich Schofare (Trompeten aus Widderhörnern) für unseren Souvenirshop bei einem israelischen Händler. Er war ein freundlicher Zeitgenosse, und wir einigten uns auf einen guten Preis. Aber dann sagte ich: «Allerdings müssten Sie, um dieses Geschäft richtig abzuschließen, zu mir nach Jericho kommen.» Ich denke, ich wollte ihn wohl auf die Probe stellen und sehen, ob ihm das Geschäft mit mir wichtig genug dafür war.

«Okay, ich komme», erwiderte er. Wir verabredeten Tag und Uhrzeit.

Als er an jenem Tag ankam, hielt er an der Kontrollstelle vor der Stadt. Ich fuhr hinaus, um ihn abzuholen. Sein Bruder begleitete ihn, und wir begrüßten einander herzlich. Dabei entging mir völlig, dass beide Männer ihre jüdische Kippa auf dem Kopf trugen.

Wir fuhren zu dem Souvenirshop an der al-Montazahat-Road, einer der größten Durchgangsstraßen von Jericho. Kaum stiegen die beiden Brüder aus dem Auto, kam der Verkehr auf der Straße zum Erliegen. Jeder Taxifahrer, jeder Lkw-Fahrer, jeder Fußgänger starrte die beiden an. Ich brauchte einen Augenblick, um zu kapieren, was ihnen durch den Kopf ging: Waren diese Kerle etwa zwei israelische Siedler, die gekommen waren, um Ärger zu machen? (Das ist in unserer Stadt schon mehr als einmal vorgekommen, dass fanatische Siedler plötzlich in voller jüdischer Tracht auftauchten, Baseballschläger hervorholten und anfingen, Schaufenster einzuschlagen und die Kunden in den Läden zu erschrecken, im Zuge ihrer Kampagne zur Rückeroberung des Eretz Jisrael – des ganzen Landes, das sie für ihr Erbe halten.)

«Moshe!», rief ich dem Händler zu, «nehmen Sie Ihre Kippa ab! Ihr Bruder auch!» Ich eilte in unseren Laden, um ihnen stattdessen Baseballmützen zu holen.

Dann wandte ich mich an die Schaulustigen auf der Straße und rief: «Das sind nur meine Freunde – alles in Ordnung, alles in Ordnung!» Der Verkehr setzte sich wieder in Bewegung, und meine beiden Gäste versuchten ihre zittrigen Nerven zu beruhigen.

Ich erzähle diese beiden Geschichten, um deutlich zu machen, dass das, was wir zu wissen glauben, manchmal gar nicht stimmt. In diesen Situationen löste das, was die Leute «wussten», unbegründete Ängste aus.

Im Angesicht echter Gefahr

In anderen Fällen jedoch *stimmen* unsere Fakten, und unsere Sorge ist berechtigt. Wir sehen die Gefahr, und wir reagieren darauf. Es ist so, wie Lewis Thomas, der prominente Arzt, Essayist und unter anderem Dekan der Yale Medical School, schrieb: «Wir sind, vielleicht als die einzigen unter den Geschöpfen der Erde, das sich sorgende Tier.»[37]

«Wir sind, vielleicht als die einzigen unter den Geschöpfen der Erde, das sich sorgende Tier.» – Dr. Lewis Thomas

Ich will ein Beispiel aus dem nahen Bethlehem erzählen (das übrigens heute nicht mehr das «kleine Städtchen Bethlehem» ist, von dem wir zu Weihnachten so gerne singen: Zusammen mit zwei Nachbarorten ergibt es eine belebte Stadt mit über 70.000 Einwohnern, die an Jerusalem anstößt – nur dass sie an drei Seiten von der israelischen Grenzmauer umgeben ist, um die Araber unter Verschluss zu halten). Wir fahren jede Woche nach

Bethlehem, um zusammen mit etwa 200 wunderbaren Christen einen arabischen Gottesdienst zu besuchen.

Kürzlich wachten die Anwohner eines Morgens auf und sahen ein neues Graffito an einer Mauer: «Der IS kommt bald – wartet nur ab.»

Die Palästinensische Autonomiebehörde ließ es bald übermalen und machte sich auf die Suche nach dem Urheber. Aber die Drohung war dennoch ausgesprochen. Unser Pastor Nihad Salman sagt: «Ständig kommen Leute zu mir ins Büro und fragen mich, manchmal mit Tränen in den Augen: ‹Pastor – was soll ich denn machen? Ich finde keinen festen Job; wenn die Arbeitgeber herausfinden, dass ich Christ bin, schicken sie mich weg. Meine Kinder haben es schwer in der Schule, weil sie schikaniert werden. Sollen wir auswandern?› Viele ihrer Freunde sind bereits nach Amerika, Europa oder manche sogar nach Australien gegangen.

Die Männer fahren fort: ‹Du weißt doch, was in Mossul [der zweitgrößten Stadt des Irak, die im Juni 2014 nach einem Blitzkrieg dem IS zum Opfer fiel] passiert ist – 300.000 Christen wurden vertrieben, nur mit dem, was sie tragen konnten! Wir hätten uns so etwas nie vorstellen können, aber es ist passiert.

Soll ich wirklich mit meiner Familie hierbleiben, bis der IS kommt? Oder sollen wir lieber vorher abhauen?›»

Eine Zeit lang wusste Pastor Nihad nicht, wie er darauf antworten sollte. Was sollte er predigen? Wo konnte er einen Schimmer der Hoffnung für seine verängstigte Gemeinde finden?

«Und dann», sagt er, «führte Gott mich zu Markus 8,34–36.»

«Hört her!», rief Jesus seinen Jüngern und den Menschen zu, die bei ihm waren. «Wer mir nachfolgen will, der darf nicht mehr sich selbst in den Mittelpunkt stellen, sondern muss sein Kreuz auf sich nehmen und mir nachfolgen. Wer sich an sein Leben klammert, der wird es verlieren. Wer aber sein Leben für mich und für Gottes rettende Botschaft einsetzt, der wird es für immer gewinnen. Denn was gewinnt ein Mensch, wenn ihm die ganze Welt zufällt, er selbst aber dabei Schaden nimmt?»

«Da wurde mir klar, dass Auswanderung ein Versuch ist – ein ehrlicher und verständlicher, aber diskutabler –, uns an unser Leben, das Leben unserer Kinder, unsere Zukunft zu klammern. Ich beschloss, für die Wand in unserem Gemeindesaal ein großes Schild malen zu lassen – ‹Wer sein Leben verliert um meinetwillen und um des Evangeliums willen, der wird's retten› –, um uns jede Woche daran zu erinnern, was wahr ist.

Das Buch Ruth im Alten Testament erzählt davon, wie Elimelech und seine Familie aus Bethlehem (meiner Stadt!) flüchteten, wo sie vom Tod in Form einer Hungersnot bedroht waren. Sie gingen nach Moab. Aber was finden sie dort? Den Tod in anderer Gestalt, als der Vater starb – und dann binnen zehn Jahren beide Söhne.»

Sorge treibt uns dazu, Dinge zu tun, von denen wir glauben, sie könnten uns vor Verlust, Leid und tragischen Ereignissen schützen. Wir lesen die Worte Jesu in Markus 8 und denken: *Ach ja, damit ist ja nur das Martyrium gemeint.* Aber wir müssen begreifen, dass jene Verse noch viel mehr bedeuten. Gott sagt zu uns: «Wenn du meinen Willen tust, ja, dann wirst du ‹verlieren› – aber du wirst auch das Allerbeste finden, was ich für dich habe. Ich habe dir versprochen, immer bei dir zu sein. Vergiss nicht, ich habe die Welt überwunden.»

Das verschafft uns eine tiefe Ruhe. Und es stellt uns ein Ziel vor Augen. Mehr als einmal habe ich Pastor Nihad zur Gemeinde sagen hören: «Lasst uns hier unseren Auftrag finden, denn hier sind wir geboren. Wir haben Gottes Heil hier in Bethlehem gefunden! Warum sollten wir dort weglaufen, wo Gott möchte, dass wir bleiben? Sollten wir einmal vertrieben werden, wäre das etwas anderes. Aber lasst uns nicht davonlaufen, nur weil wir uns an unser Leben klammern wollen.»

Wenn er diese Botschaft predigt, ist das auch ein Echo dessen, was Jesus bei anderen Gelegenheiten sagte – zum Beispiel in der Bergpredigt. Viermal in nur zehn Versen (Matthäus 6,25–34) fordert Jesus uns auf, der Angst nicht nachzugeben:

1. «Darum sage ich euch: Macht euch keine Sorgen um euren Lebensunterhalt» (Vers 25).
2. «Weshalb macht ihr euch so viele Sorgen um eure Kleidung? Seht euch an, wie die Lilien auf den Wiesen blühen» (Vers 28).
3. «Zerbrecht euch also nicht mehr den Kopf mit Fragen wie: Werden wir genug zu essen haben? Und was werden wir trinken?» (Vers 31).
4. «Deshalb sorgt euch nicht um morgen» (Vers 34).

Bei einer anderen Gelegenheit, als er seine zwölf Jünger aussendet, um selbstständig das Wort zu verkündigen, sagt Jesus:

> Habt keine Angst vor den Menschen, die zwar den Körper, aber nicht die Seele töten können! Fürchtet vielmehr Gott, der Leib und Seele in der Hölle vernichten kann. Welchen Wert hat schon ein Spatz auf dem Dach? Man kann zwei von ihnen für einen Spottpreis kaufen! Trotzdem fällt keiner tot zur Erde, wenn es euer Vater nicht will. Bei euch sind sogar die Haare auf dem Kopf alle gezählt. Darum habt keine Angst! Ihr seid Gott mehr wert als ein ganzer Spatzenschwarm.
>
> *Matthäus 10,28–31*

Selbst am Abend des letzten Mahles mit seinen Jüngern, direkt vor seinem Leiden, sagt er zweimal zu seinen Jüngern: «Seid nicht bestürzt, und habt keine Angst! – Seid deshalb ohne Sorge und Furcht!» (Johannes 14,1.27).

> Sorge hat eine erstickende Wirkung. Sie presst uns unser Leben, unsere Lebendigkeit, unsere Fähigkeit zu wachsen aus.

Im Gleichnis vom Sämann befindet sich eine besonders aufschlussreiche Aussage. Zu den Samenkörnern, die unter die Dornen fielen, erklärt Jesus seinen Jüngern: «Der von Disteln überwucherte Boden entspricht einem Menschen, der die Botschaft zwar hört, *aber die Sorgen des Alltags ... ersticken Gottes Botschaft, so dass keine Frucht wachsen kann»* (Matthäus 13,22).

Sorge hat eine erstickende Wirkung. Sie presst uns unser Leben, unsere Lebendigkeit, unsere Fähigkeit zu wachsen aus. Wir können das Wasser und das Sonnenlicht, mit denen unser himmlischer Vater uns reichlich versorgt, nicht mehr aufnehmen. Wir sind zu eingezwängt in einen Knoten der Furcht.

Zeit fürs Sorgenmachen?

E. Stanley Jones, der große Indien-Missionar in der ersten Hälfte des zwanzigsten Jahrhunderts, schrieb eine Andacht über eine angespannte Zeit Ende 1941, als er nach dem Angriff auf Pearl Harbor in Amerika strandete:

Ein langer Krieg starrte uns ins Gesicht. Ich war von meiner Arbeit in Indien abgeschnitten. Meine Frau und meine Familie waren dort für die Dauer des Krieges unerreichbar für mich – und das Schlimmste, der Krieg rückte ihnen allmählich näher.

Aber – während dieser Woche hatte es Frieden gegeben. Als eine Frau mir eines Abends sagte: «Sie hatten einen ruhigen Tag; Sie hatten Zeit, sich Sorgen zu machen», da zuckte ich innerlich zusammen. *«Zeit, sich Sorgen zu machen»* – als ob ein Christ je Zeit hätte, sich Sorgen zu machen! ...

Wer sich Sorgen macht, der sagt: «Ich kann Gott nicht vertrauen; ich werde die Sache selbst in die Hand nehmen. Gott ist das alles egal, und deshalb wird er nichts deswegen unternehmen – ich werde selber Sorge tragen müssen.» Doch der Glaube sagt: «Gott nimmt Anteil, und er und ich werden es gemeinsam bewältigen. Von mir wird die Bereitwilligkeit kommen, und von ihm die Kraft. Mit dieser Kombination können wir alles schaffen.»

Und dann fügt Stanley Jones seinem Text (der übrigens den unverblümten Titel «Sorge ist Atheismus» trägt) noch ein humorvolles Postskriptum hinzu:

Kennen Sie die Geschichte von Martin Luther? Als er eines Morgens einmal mutlos war, trat seine Frau in Schwarz vor ihn. Als Luther sie fragte, was die Trauerkleidung zu bedeuten habe, erwiderte sie: «Hast du es nicht gehört? Gott ist gestorben.»

Luther sah, wie absurd das war – und das sollten Sie auch. Gott lebt – und Sie werden auch leben![38]

Sorge angesichts des Terrorismus ist vollkommen verständlich. Es ist nur menschlich, sich deshalb Sorgen zu machen. Aber es ist eine Sackgasse. Es führt uns weder zu einer produktiven Antwort in der Welt noch zu innerem Frieden.

Kapitel 6
Wir können zurückschlagen

Vor über 400 Jahren saß ein genialer englischer Mathematiker namens Isaac Newton auf einer Bank vor seinem Haus und bemerkte, dass ein Apfel immer senkrecht vom Ast herabfällt, nicht zur Seite oder nach oben. Als er 1687 seine berühmten *Principia* (auf Latein) veröffentlichte, beschrieb er darin das Gesetz der Schwerkraft neben anderen Einsichten über die Funktionen der physikalischen Welt. Sein Drittes Gesetz lautete so: «Jeder Aktion steht immer eine gleich starke Reaktion entgegen.» Zum Beispiel gebrauchen Schwimmer ihre Arme, um das Wasser nach hinten zu schieben, was bewirkt, dass das Wasser sie nach vorne stößt.

Auf die heutige Terrorszene trifft das jedenfalls zu. Al-Qaida oder der IS jagen eine Schule in die Luft (und veröffentlichen das Video im Internet); zur Antwort fühlen gesetzestreue Nationen und Völker sich genötigt, zurückzuschlagen. Wir wollen instinktiv der Gewalt mit Gewalt begegnen, in der Hoffnung, unsere Reaktion werde die Extremisten von ihrer nächsten Untat abschrecken. Wir erwarten von unseren Politikern, dass sie öffentlich Stärke und Entschlossenheit zeigen. Einige Beispiele:

Als der amerikanische Präsident George W. Bush neun Tage nach den Anschlägen vom 11. September vor dem Kongress (und den Live-Fernsehkameras) sprach, sagte er:

Unser Krieg gegen den Terror beginnt mit Al-Qaida, aber er endet nicht dort. Er wird nicht beendet sein, bis jede terroristische Gruppe mit weltweiter Reichweite gefunden, gestoppt und besiegt ist. ... Wir werden nicht müde werden, wir werden nicht straucheln, und wir werden nicht scheitern.

Nachdem der damalige britische Premierminister David Cameron am 29. August 2014 die Gefahrenstufe für Großbritannien von «Substantial» auf «Severe» erhöht hatte, sagte er:

Mit dem ISIL [IS] steht uns heute im Irak eine größere und tiefere Bedrohung für unsere Sicherheit gegenüber, als wir sie je erlebt haben. ... Wir müssen ihr zu Hause und anderswo entgegentreten. Um das zu tun, brauchen wir eine zähe, intelligente, geduldige und umfassende Herangehensweise, um die terroristische Bedrohung an ihrer Quelle zu besiegen.

Nachdem ein muslimischer Schütze am 22. Oktober 2014 auf dem Parliament Hill in Ottawa um sich geschossen hatte, schwor der kanadische Premierminister Stephen Harper:

Wir werden unsere Anstrengungen verdoppeln, mit unseren Verbündeten in aller Welt zusammenzuarbeiten und gegen die Terrororganisationen zu kämpfen, die mit brutaler Gewalt gegen Menschen in anderen Ländern vorgehen und hoffen, mit ihrer Grausamkeit bei uns landen zu können.

Am 10. September 2014, kurz nachdem zwei amerikanische Journalisten (James Foley und Steven Sotloff) im Abstand von zwei Wochen vom IS enthauptet worden waren, erklärte US-Präsident Barack Obama:

> Ich habe deutlich gemacht, dass wir Terroristen, die unser Land bedrohen, jagen werden, wo immer sie sind. Das ist ein Grundprinzip meiner Präsidentschaft: Wer Amerika bedroht, wird keine sichere Zuflucht finden.

Ich kann es ja verstehen

Ich habe volles Verständnis für diesen Wunsch, zurückzuschlagen gegen den Terrorismus, der die Welt erschüttert. Dieselbe Leidenschaft brannte auch in meiner Brust während meiner Jahre bei Jassir Arafats Miliz. Die Juden hatten uns «von unserem Land verscheucht», sagten wir einander, wenn wir abends in unserem Basislager im Wald saßen, und damit würden wir sie *nicht* davonkommen lassen. Wir würden uns mit jeder Faser unseres Seins dagegen wehren.

Ich stürmte auf einen IDF-Soldaten zu, der wie versteinert vor Furcht dastand. Er zitterte und war den Tränen nahe – ich sehe sein bebendes Gesicht noch vor mir.

Ich weiß noch, wie aufgeregt ich als Siebzehnjähriger an jenem Tag in al-Karameh[39] war, als ich von meinem Heckenschützenversteck aus hinabspähte und meinen ersten Selbstmordattentäter in die Luft gehen sah. Das Krachen der Explosion war überwältigend! Körperteile von israelischen Soldaten flogen in alle Richtungen.

Als mein Kommandant mir befahl, den Hügel zu verlassen und selbst hinunter ins Dorf zu gehen, war ich so aufgewühlt, dass ich mein Simonov-Gewehr im Gras liegen ließ. Aber ich hätte in so kurzem Abstand sowieso nichts damit anfangen können. Ich rannte hinab, um mich in den Kampf zu stürzen. Die Israelis sahen verwirrt aus. Wir Heckenschützen hatten bereits die meisten ihrer Kommandeure ausgeschaltet. Die einfachen Soldaten wirkten ratlos, als ob sie sich fragten: *Was machen wir jetzt?*

Ich zog mein großes Kampfmesser – um die dreißig Zentimeter lang und zehn Zentimeter breit, mit gezackter Klinge. Jetzt war Nahkampf von Mann zu Mann angesagt: Töten oder getötet werden – ein allgemeines Getümmel. Meine Mitkämpfer und ich griffen an. Einigen schnitten wir die Kehlen durch. Anderen rammten wir die Klingen in den Bauch. Bei wieder anderen schlugen wir auf die Köpfe ein.

Ich stürmte auf einen IDF-Soldaten zu, der wie versteinert vor Furcht dastand. Er zitterte und war den Tränen nahe – ich sehe sein bebendes Gesicht noch vor mir.

Ich stach nicht auf ihn ein; stattdessen schlug ich ihm das Griffende meines Messers über den Kopf, so dass er bewusstlos zu Boden ging. Bevor er wieder zu sich kam, war ich schon auf dem Weg zum nächsten Mann.

Der Kampf wütete stundenlang an jenem Tag, bis irgendwann am Nachmittag schließlich ein Waffenstillstand ausgerufen wurde. Die IDF zog sich zurück und machte sich auf den Weg den Jordan hinunter, um einen Weg nach Hause zu finden, da wir die Allenby-Brücke, über die sie an jedem Morgen gekommen waren, bereits gesprengt hatten. Wir blieben zurück, um unseren «Sieg» zu feiern, obwohl wir mehr Leute verloren hatten als sie. Wir hatten das Gefühl, unsere Ehre zurückgewonnen zu haben in den Augen aller Araber, die überall auf der Welt in den Nachrichten davon lesen und hören würden.

Die Kosten des Krieges

Heute, so viele Jahre später, sind die Nachrichten immer noch jeden Tag voll mit aktuellen Berichten über die neuesten Bombenanschläge, Drohnenangriffe und Truppenvorstöße. Wir lesen von flankierenden Maßnahmen an der wirtschaftlichen Front: Sanktionen, Einfrieren feindlicher Bankkonten, Sabotageakte an Ölfeldern und anderen Einkommensquellen. Opferzahlen werden veröffentlicht; Landkarten werden gezeichnet und wieder neu gezeichnet, um den letzten Stand der Einflussbereiche wiederzugeben. Das furchterregende Arsenal der westlichen Technologie wird losgelassen, um das Monster des Terrorismus zu «entschärfen und schließlich zu zerstören».

Dabei evaluieren wir ständig – und debattieren miteinander darüber –, ob all diese Anstrengungen einen Fortschritt bringen. Sind wir dabei, «den Krieg gegen den Terror zu gewinnen», oder erweisen sich die Terroristen als zäher, als wir uns vorgestellt haben? Schließlich erinnern wir uns gerne daran, wie wir im Zweiten Weltkrieg dem Bösen entgegengetreten und es ausgelöscht haben. Die Alliierten boten jedes Gewehr, jedes Flugzeug, alles Material auf, das sie hatten, von Gummi über Zucker bis zum Schuhleder – und siegten in weniger als sechs Jahren. Der Nationalsozialismus und sein psychotischer Anführer Adolf Hitler waren am Ende geschlagen. Warum lässt sich das heute nicht wiederholen?

> Sind wir dabei, «den Krieg gegen den Terror zu gewinnen», oder erweisen sich die Terroristen als zäher, als wir uns vorgestellt haben?

Nun, versucht hat es der Westen zweifellos – jetzt schon seit etwa vierzehn Jahren. Und der Blutzoll wird immer höher. Schauen Sie sich die folgenden Zahlen an:

- Über 6800 amerikanische Söhne (und 139 Töchter[40]) sind im Lauf des letzten Jahrzehnts als Soldaten im Irak und in Afghanistan gestorben. Jeder von ihnen steht für einen tief erschütterten Kreis von Angehörigen, die für immer ihren Verlust betrauern werden. (Auch eine etwa gleiche Anzahl nicht militärischer «unabhängiger Auftragnehmer» kam ums Leben.)

- Insgesamt sind seit 2001 im Irak, in Afghanistan und in Pakistan etwa 370.000 Menschen getötet worden, sagt ein Wissenschaftlerteam an der angesehenen Brown University, das an einem laufenden «Kriegskostenprojekt» arbeitet.[41] (Andere Schätzungen liegen noch höher.)
- Davon waren über die Hälfte (210.000) keine Militärangehörigen, sondern Zivilisten.
- Über eine Million Versehrtenansprüche wurden beim amerikanischen Amt für Veteranenangelegenheiten eingereicht, von verlorenen Gliedmaßen bis zu posttraumatischen Stressstörungen. Nicht darin enthalten sind natürlich die etwa 8000 verstörten Veteranen, die jedes Jahr ihrem Leben selbst ein Ende setzen – ein Fünftel der gesamten nationalen Suizidrate. Im Jahr 2012 verloren die USA in Afghanistan mehr «Soldaten im aktiven Dienst» durch Suizid (349) als im Kampf.
- Die Gesamtausgaben für die Vereinigten Staaten bisher (einschließlich der Prognose für die Behandlung und Rehabilitation der Veteranen bis zum Jahr 2058) für die Einsätze im Irak werden auf 2,2 Billionen US-Dollar berechnet. Dazu kommt noch einmal dieselbe Summe für die Einsätze in Afghanistan und Pakistan. (Es ist ernüchternd, wenn man sich überlegt, was man sonst mit 4,4 Billionen Dollar machen könnte. Um nur ein Beispiel zu nennen: Damit könnte man jedes Studentendarlehen in Amerika abzahlen und die Studiengebühren für sämtliche derzeit Studierenden an einer erstklassigen Privathochschule vier Jahre lang finanzieren.[42])

Diese Anstrengungen summieren sich zu einer Menge Blut, einer Menge zerschlagener Körper und Seelen und vielen, vielen Dollar.

Die Anstrengungen verdoppeln – oder umdenken?

Während ich dies schreibe, nimmt der nächste Präsidentschaftswahlkampf in den USA Fahrt auf. Die Kandidaten für 2016 werden gefragt, was wir im Krieg gegen den Terror in Zukunft unternehmen sollten. Werden wir uns durchsetzen, wenn wir Kurs halten und weiter Druck ausüben? Müssen wir noch mehr Ressourcen investieren? Oder ist es Zeit, unsere Strategien zu überdenken?

Der ehemalige Senator Rick Santorum aus Pennsylvania gab auf die Frage nach dem Iran bei einem Dinner in Iowa unverblümt zur Antwort, wir sollten «unsere Bomber beladen und sie zurück ins siebte Jahrhundert bombardieren». Andere Republikaner äußerten sich an jenem Abend differenzierter, wenn auch der «Associated Press» zufolge der Spitzenreiter Jeb Bush seine Neigungen verriet, als er Präsident Obama vorwarf, «den Aufstieg des IS durch den Abzug der US-Streitkräfte aus dem Irak zugelassen zu haben».[43]

Andere dagegen haben Bedenken: Müssten wir die Herausforderung nicht inzwischen fest im Griff haben? Das Magazin «Time» reflektierte nach einem Bericht im Juni 2015 über Aktionen, bei denen zwei führende Terroristen getötet wurden (einer im Jemen, der andere in Libyen):

Seit über einem Jahrzehnt haben Luftschläge den Terrororganisationen die Köpfe abgeschlagen. Doch ihnen ist immer ein neuer Kopf gewachsen. ... Das Pentagon sagt, seine Lufteinsätze töteten jeden Monat 1000 IS-Kämpfer. Das entspricht genau der Zahl ausländischer Rekruten, die jeden Monat dort eintreffen, um sich einem Kampf anzuschließen, der nicht zu unseren Gunsten verläuft. Mit solchen Rechenkünsten lässt sich kein Krieg gewinnen.[44]

David Sedney, der von 2009 bis 2013 der zuständige Staatssekretär für Afghanistan, Pakistan und Zentralasien im Pentagon war, hat erst kürzlich ausgesprochen, was er wirklich denkt, nämlich:

Die US-Strategie gegen die extremistische Gewalt scheitert auf der ganzen Linie. ... Statt die Bedrohungen zu verringern, produziert unsere Taktik immer gefährlichere und immer entschlossenere Terroristen. Unser einseitiger Fokus auf dem Töten, ohne ernsthaft zu versuchen, grundlegende gesellschaftliche Probleme zu verbessern – plus das Fehlen eines moralischen Kodex für unser Handeln –, haben ganze Weltgegenden dazu gebracht, uns als die Übeltäter zu sehen. Heutige Extremisten wollen Rache für diejenigen, die wir getötet haben, wollen uns bestrafen für die Misshandlungen, die sie erleiden, und unserer Unterstützung für grausame, korrupte Herrscher ein Ende machen. ...

Es gibt hier nichts Gutes zu berichten. Die «einfachen Antworten» haben wir ausprobiert. Sie haben nicht funktioniert. ... Heute durchschauen nur wenige Amerikaner unsere Anti-Terror-Strategie und die Tötungen, die sie erfordert. Die Bevölkerung sieht das alles als eine Art Actionfilm. ...

Wir brauchen Politiker, die bereit sind, zuzugeben, dass das Töten für uns kein Ausweg aus dem Extremismusproblem ist. Gewaltanwendung ohne Engagement für Gerechtigkeit ist weder effektiv, noch ist sie Amerikas würdig.[45]

Militärischer Druck ist nicht die Antwort, für die viele ihn halten. Überall auf der Welt scheinen Menschen – leider auch Christen – es gerne zu hören, wenn Blut vergossen wird. Wir haben wenig Zutrauen dazu, dass die Kraft der Hoffnung und Versöhnung ein menschliches Herz nach dem anderen berühren kann.

«Heute durchschauen nur wenige Amerikaner unsere Anti-Terror-Strategie und die Tötungen, die sie erfordert. Die Bevölkerung sieht das alles als eine Art Actionfilm.» – David Sedney, ehemaliger Staatssekretär im Pentagon

Ich kann Ihnen aus meiner Erfahrung hier im Nahen Osten sagen, dass jede Militäraktion des Westens meine Arbeit hier viel schwieriger macht. *Christ* ist zu einem Schimpfwort geworden für diejenigen, die die Nachrichten verfolgen. Aus diesem Grund ermahne ich meine Mitarbeiter in den Kindergärten immer, sehr vorsichtig damit zu sein, was sie sagen und tun.

Ich erinnere mich, wie ich 1993 anfing, Christus nachzufolgen. Begeistert erzählte ich einem muslimischen Freund, was passiert war. Er sagte: «Oh – dann bist du jetzt auch einer von diesen Kreuzrittern! Pass auf, Tass. Die werden dir erzählen, wie sehr sie dich lieben, aber in dem Moment, wo du dich umdrehst, stecken sie dir ein Messer in den Rücken.»

Vorhin habe ich von dem Präzedenzfall des Zweiten Weltkriegs gesprochen, der in den Erinnerungen des Westens haftet. Aber hier ist auf einen großen Unterschied hinzuweisen: Damals spielte der Faktor Religion keine Rolle. Die Deutschen waren «Christen», und die Alliierten ebenso. Im Nahen Osten dagegen sieht die Sache ganz anders aus: Der IS und die anderen Terrorgruppen bezeichnen sich selbst als ernste Muslime, und jeder aus dem Westen gilt als «christlicher Eindringling, der uns sagen will, was wir tun sollen».

Ich will Ihnen ein eloquentes Zitat nicht vorenthalten, das ich von Dr. Jerry Rankin aufgeschnappt habe, dem emeritierten Präsidenten des International Mission Board der Southern Baptists:

Es ist eine Illusion, zu glauben, militärisches Eingreifen, Diplomatie oder von Menschen ausgehandelte Friedensverträge könnten etwas gegen die selbstsüchtige Arroganz eines Herzens ohne Christus ausrichten. Nur die verändernde Liebe Gottes kann Herzen verändern, die so voller Hass sind.[46]

Kapitel 7

Wir können uns «Lösungen» wünschen, die nie Wirklichkeit werden

Bisher haben wir in diesem Abschnitt unter dem Titel «Was können wir jetzt machen?» zwei vollkommen verständliche Reaktionen auf den Terrorismus betrachtet: Sorge und militärische Gegenschläge.

Beide sind durchaus plausibel. Niemand, der so denkt, muss sich deshalb dumm vorkommen.

Eine weitere Reaktion, die sehr häufig ist und unsere Aufmerksamkeit verdient, ist der Wunsch nach Lösungen, die nicht durchführbar sind. Sie werden ganz einfach niemals umgesetzt werden. Schauen wir uns einige dieser Lösungen an, auf die der Westen gekommen ist – kühne Schritte, um die Flammen des Hasses und der Ressentiments ein für alle Mal zu löschen.

a) «Das Heilige Land muss einfach in zwei Teile geteilt werden – einen für die Juden und einen für die Palästinenser.»

Dies ist die «Zweistaatenlösung», wie sie in diplomatischen Kreisen genannt wird: Man zeichne eine Linie auf die Landkarte, trenne die beiden Seiten voneinander und lasse jede ihr Territorium so verwalten, wie sie möchte, wobei sie die andere in Ruhe und Frieden leben lässt.

Genau das hatten die Vereinten Nationen schon am 29. November 1947 verkündet, bevor der neue Staat Israel auch nur ausgerufen war. (Das passierte erst fünfeinhalb Monate später am 14. Mai 1948.) Die Mitglieder der UN-Generalversammlung konnten bereits sehen, dass die beiden Bevölkerungsgruppen wohl kaum gut miteinander auskommen würden: Es gab Gewaltausbrüche auf beiden Seiten; schon war Blut geflossen. Also zeichnete man Linien (siehe Karte), durch die 54,5 Prozent von Palästina den Juden und 45,5 Prozent den Palästinensern zugeschrieben wurde. Für den UN-Teilungsplan stimmten dreiunddreißig Länder (darunter die Vereinigten Staaten, Kanada, Australien und Neuseeland). Dreizehn stimmten mit Nein, und zehn enthielten sich (darunter Großbritannien, da es das Gebiet unter dem Palästina-Mandat während der letzten fünfundzwanzig Jahre verwaltet hatte).

Was wurde daraus?

Keine der beiden Seiten war froh darüber, wie man sich vorstellen kann. Palästinensische Araber, die seit Generationen in einem Gebiet gelebt hatten, das nun den Juden zugeschrieben wurde, gingen auf die Barrikaden. Wieso mussten sie umziehen, nur weil ein paar hochwohlgeborene Bürokraten es sagten? Indessen sahen Juden auf der anderen Seite der Linie, die aus Europa in dieses neue Land gekommen waren, die Sache ähnlich negativ. Unter dem Druck der Nazis waren sie schon einmal entwurzelt worden. Und jetzt sollten sie schon wieder umziehen? Auf keinen Fall. Die Reaktion des charismatischen jüdischen Politikers David Ben-Gurion machte klar: «Die Grenzen des Staates werden nicht durch eine UN-Resolution festgelegt, sondern durch Waffengewalt.»[47]

Über sechs Jahrzehnte sind inzwischen vergangen, und obwohl von der Zweistaatenlösung immer noch die Rede ist, ist sie bis heute nicht Wirklichkeit geworden. Es wurden neue Linien gezeichnet; bestimmte Gebiete (insbesondere die Westbank) wurden den Palästinensern zugeschrieben, stehen aber unter israelischer Kontrolle. Und selbst in diesen Gebieten wurden über 120 jüdische «Siedlungen» und «Außenposten» errichtet, und es kommen jeden Monat neue hinzu. Sogar der israelische Wohnbauminister Uri Ariel wohnt in einer Siedlung in der Westbank (Kfar Adumim), ebenso wie 400.000 weitere Juden. Derweil leben 1,7 Millionen Araber weiterhin auf der anderen Seite, im eigentlichen Israel.

Präsident George W. Bush sah die Sache realistisch, als er bei einem Besuch im Heiligen Land im Januar 2008 sagte: «Es bringt nicht viel, von ‹zwei Staaten› zu reden, solange keine Grenzen definiert sind, die Rückkehr nicht geregelt und Jerusalem nicht geklärt ist. ... Ein Staatsgebiet wie ein Schweizer Käse, das funktioniert nicht.»[48]

Den «Käse» neu zuzubereiten wäre eine überwältigende Aufgabe. Es wäre sinnlos, noch eine weitere neue Landkarte zu zeichnen.

«Ein Staatsgebiet wie ein Schweizer Käse, das funktioniert nicht.» – Präsident George W. Bush, 2008

Dr. Padraig O'Malley ist ein weltbekannter Friedensstifter, der heute an der University of Massachusetts in Boston lehrt. Während seiner langen Laufbahn schlichtete er Konflikte in so schwierigen Weltgegenden wie Südafrika und seiner eigenen Heimat Irland. Aus seiner Feder stammt das Buch *The Two-State Delusion: Israel and Palestine – A Tale of Two Narratives.* In der Buchbeschreibung heißt es:

Padraig O'Malley argumentiert, der Moment für eine Zweistaatenlösung sei vorbei. Nach Prüfung aller Fragen und Gesprächen mit Palästinensern und Israelis sowie Verhandlungsführern, die direkt an den vergangenen Gipfeltreffen beteiligt waren, kommt O'Malley zu dem Schluss, dass eine solche Einigung, selbst wenn sie zustande käme, nahezu unmöglich umzusetzen wäre angesichts der überwältigenden Kosten, der politischen Zersplitterung Palästinas und der Schwäche seiner Wirtschaft, der raschen demografischen Veränderungen, des anhaltenden politischen Rechtsdralls in Israel, der Auswirkungen der globalen Erwärmung auf die Wasserversorgung und vieler anderer Dinge. ...

O'Malley geht pragmatisch an die Kernfragen heran, ohne ideologische Voreingenommenheit, und zeigt, dass wir einen neuen Rahmen für die Versöhnung finden müssen, wenn es einen dauerhaften Frieden zwischen Palästina und Israel geben soll.[49]

b) «Alle sollten einfach auf die Reset-Taste drücken, die Vergangenheit vergessen und nach vorne schauen.»

Dieser Vorschlag wird häufig auch so formuliert: «Krieg dich wieder ein»; «Lass die Vergangenheit ruhen»; «Schwamm drüber, und fang noch einmal von vorne an.»

In einer idealen Welt wäre das die Lösung. Aber in der Wirklichkeit, in der wir leben, entspricht dieses «Nach-vorne-Schauen» einfach nicht der menschlichen Natur. Erinnerungen brennen sich tief in unsere Gehirne ein – besonders, wenn es schmerzliche Erinnerungen sind. Eine als ungerecht empfundene Behandlung lässt sich nicht so einfach abschütteln. Wir sind keine Maschinen, die man per Reset «neu starten» kann.

Denken Sie an jemanden, den Sie kennen, vielleicht auch einen Verwandten, der Opfer eines Verbrechens wurde. Wie hat sich die Lebenseinstellung dieser Person durch jene schreckliche Nacht oder jenen schrecklichen Tag verändert? Inwiefern ist er oder sie bis heute ein anderer Mensch geworden?

Bevölkerungsgruppen irgendwo auf der Welt sind nicht nur abstrakte Ansammlungen von Statistiken. Sie bestehen aus echten Menschen mit echten Gefühlen, echten Erinnerungen, echter Identität. Sie sind kein Stück Holz oder Stahl, das man für einen neuen Zweck verbiegen oder umformen kann. Sondern sie sind lebendige, atmende Personen, die unentrinnbar mit allem verbunden sind, was in ihrem Leben bisher geschehen ist.

So ist es noch heute mit den israelischen Juden – den palästinensischen Arabern – den irakischen Schiiten – den saudischen Sunniten – den syrischen Alawiten – den jemenitischen Huthi-Rebellen – den afghanischen Taliban: die Liste ließe sich endlos fortsetzen. Vor langer Zeit in den Monaten des Bürgerkriegs wusste der amerikanische Präsident Abraham Lincoln, dass er vor einer überwältigenden Aufgabe stand, wenn er versuchte, mit «den mystischen Banden der Erinnerung» fertigzuwerden, «die sich von jedem Schlachtfeld und jedem Patriotengrab zu jedem lebendigen Herzen und jedem Herd in diesem weiten Land erstrecken».[50] Die Wunden jenes Krieges würden jedenfalls zu seinen Lebzeiten nicht mehr heilen, und in mancher Hinsicht bestehen sie noch heute.

Die Vergangenheit ist unauflöslich mit der Gegenwart verbunden. Wir können nicht so tun, als wäre es anders.

c) «Das Heilige Land gehört Israel – so hat Gott es gesagt. Wem das nicht gefällt, der muss woanders hingehen.»

Nun – Scharen von Palästinensern haben das bereits getan. Allein in Jordanien leben 3,2 Millionen von ihnen. Syrien beherbergt 630.000 (oder tat es zumindest vor dem Ausbruch seines eigenen Bürgerkrieges). Im Libanon leben etwa 400.000, in Saudi-Arabien 280.000, in Ägypten 270.000. Anderswo auf der Welt hat das südamerikanische Land Chile eine halbe Million Palästinenser aufgenommen, die Vereinigten Staaten eine Viertelmillion, Honduras eine Viertelmillion. In den Ländern der Eu-

ropäischen Union leben mindestens 100.000 – davon ein Drittel
oder mehr in der deutschen Hauptstadt Berlin.[51]

Dennoch bleiben immer noch 2,8 Millionen Palästinenser in
der Westbank und weitere 1,8 Millionen, die gedrängt im Gazastreifen leben. Wie gesagt, niemand gibt so leicht seine Heimat
auf. Die Vorstellung, man könnte sie alle überreden, ihre Sachen
zu packen und irgendwo anders neu anzufangen, ist Wunsch-
denken. Und außerdem – wo wäre denn dieses «irgendwo anders»? Auf unserem Planeten gibt es keine großen leeren,
fruchtbaren Gebiete mehr, die auf Siedler warten.

> Niemand gibt so leicht seine Heimat auf. Die Vorstel-
> lung, man könnte sie alle überreden, ihre Sachen zu
> packen und irgendwo anders neu anzufangen, ist
> Wunschdenken. Und außerdem – wo wäre denn dieses
> «irgendwo anders»?

Außerdem bedarf der Gedanke, Gott habe Palästina unwider-
ruflich einer einzigen Volksgruppe übertragen, einer genaueren
Prüfung. Ja, es stimmt, dass Gottes Bund mit Abraham, von dem
in 1. Mose 17 berichtet wird, die folgende Verheißung enthielt:
«Und ich werde dir und deinen Nachkommen nach dir das Land
deiner Fremdlingschaft geben, das ganze Land Kanaan, zum
ewigen Besitz, und ich werde ihnen Gott sein» (Vers 8; Elberfelder). (Übrigens, was ist hier unter «deine Nachkommen» zu verstehen? Der einzige Sohn, den Abraham zu diesem Zeitpunkt
hatte, war Ismael! Isaak wurde erst ein Jahr später geboren.)

In späteren Büchern des Alten Testaments sehen wir, dass diese Landverheißung Bestandteil einer größeren Vereinbarung mit Gott war. Sie war an Bedingungen geknüpft. Noch bevor Josua und die Israeliten in das Land einmarschierten, um es zu erobern, gab der Herr ihnen eine deutliche Warnung mit auf den Weg:

> Lebt nach meinen Weisungen und Geboten, tut nichts, was ich verabscheue! Das gilt für euch Israeliten und auch für alle Ausländer, die dann bei euch wohnen. Die Bewohner des Landes, die vor euch dort lebten, haben alle diese abscheulichen Dinge getan und so das Land unrein gemacht. Wenn auch ihr dies tut, wird das Land euch ausspucken – so wie die Völker, die vor euch dort wohnten.
>
> *3. Mose 18,26–28*

> Wenn ihr dann schon längere Zeit im Land Kanaan lebt und Kinder und Enkel habt, geratet ihr womöglich auf Abwege: Ihr fertigt euch eine Götzenstatue in Gestalt irgendeines Lebewesens an und tut damit, was der Herr, euer Gott, verabscheut! Ihr fordert seinen Zorn heraus. So rufe ich heute Himmel und Erde als Zeugen an: In diesem Fall werdet ihr mit Sicherheit schnell aus dem Land verschwinden, das ihr jetzt erobert. Ihr werdet nicht lange dort bleiben, sondern völlig vernichtet werden. Der Herr wird euch vertreiben, und nur wenige von euch werden in den fremden Ländern überleben, in die er euch bringen wird.
>
> *5. Mose 4,25–27*

Dr. Gary M. Burge, Professor für Neues Testament am Wheaton College, der nach den Worten eines seiner Kollegen «vielleicht unter den amerikanischen Evangelikalen der führende Experte für eine biblische Theologie des Landes Israel ist»[52], hat ein viel beachtetes Buch mit dem Titel *Jesus and the Land: The New Testament Challenge to «Holy Land» Theology* geschrieben. Über die beiden eben zitierten Abschnitte sagt er:

> Die Strenge dieser Worte ist verblüffend. Dieses Land ist nicht einfach ein Geschenk, das der Geber vergessen hat. Es ist ein Geschenk, das mit Erwartungen an Heiligkeit und Gerechtigkeit im Sinne des Bundes verbunden ist. Gott beobachtet dieses Land. Er hat persönliche Erwartungen für dieses Land. Es ist ein Land, das Erinnerungen an seine eigene Heiligkeit wecken sollte.[53]

Nun, wie wir wissen, ging es mit Israels Bundestreue während der nächsten tausend Jahre immer wieder auf und ab. Manche Propheten (Samuel, Elia, Elisa) und Könige (David, Joschafat, Hiskia, Josia) konnten das Volk seinem Gott nahebringen. In den Zwischenzeiten jedoch blühten Götzendienst und Ungerechtigkeit, bis schließlich im Jahr 568 vor Christus die schrecklichen Worte aus dem dritten und fünften Buch Mose wahr wurden. Gott hatte genug gesehen. Sein Bundesvolk hatte so wenig Interesse an ihm, dass er es zuließ, dass die Babylonier das Undenkbare taten: Sie marschierten in Jerusalem ein, plünderten die Wertgegenstände des Tempels und brannten ihn nieder, um dann fast die gesamte Bevölkerung in die Gefangenschaft zu führen.

Das Land füllte sich rasch mit anderen Nationalitäten. Die Nachkommen Abrahams und Isaaks hatten Gottes Propheten verspottet. «Verächtlich lachten sie über ihre Botschaft, bis der Herr so zornig auf sein Volk wurde, dass es für sie keine Rettung mehr gab» (2. Chronik 36,16). Wie schrecklich traurig.

Nach siebzig Jahren im Exil erhielt ein Überrest des jüdischen Volkes die Erlaubnis, ins Land zurückzukehren und unter der Führung Esras und Nehemias neu anzufangen. Doch die Herrschaft errangen sie nie (bis auf eine kurze Zeit unter den Makkabäern). Sie lebten unter dem Daumen Persiens, dann der Seleukidenkönige und schließlich Roms, bis sie schließlich etwa ein Jahrhundert nach der Zeit Jesu von Kaiser Hadrian vertrieben wurden. Bis ins späte neunzehnte Jahrhundert konnten nur sehr wenige Juden in diesem Gebiet leben.

Welche Auswirkungen hat all diese Untreue und Sünde der Israeliten auf den Bund, der vor langer Zeit mit Abraham geschlossen wurde? Ist dieser Bund immer noch in Kraft?

Welche Auswirkungen hat all diese Untreue und Sünde der Israeliten auf den Bund, der vor langer Zeit mit Abraham geschlossen wurde? Ist dieser Bund immer noch in Kraft? Nun, der Hebräerbrief sagt ohne Umschweife, dass er obsolet ist, erledigt, außer Betrieb. Der Verfasser des Briefes zitiert einen langen Abschnitt aus Jeremia 31 und sagt dazu:

Wenn dieser alte Bund vollkommen gewesen wäre, hätte ein neuer Bund nicht geschlossen werden müssen. Es lag doch ein starker Tadel darin, als Gott zu seinem Volk sagte:

«Es kommt die Zeit, in der ich mit dem Volk Israel und dem Volk von Juda einen neuen Bund schließe. Er ist nicht mit dem zu vergleichen, den ich damals mit ihren Vorfahren schloss, als ich sie mit starker Hand aus Ägypten befreite. Denn sie haben sich nicht an meinen Bund gehalten. Deshalb habe ich mich von ihnen abgewandt», spricht der Herr.

«Aber nach dieser Zeit werde ich mit dem Volk Israel einen neuen Bund schließen. Und der wird ganz anders aussehen: Ich schreibe mein Gesetz in ihr Herz, es soll ihr ganzes Denken und Handeln bestimmen. Ich werde ihr Gott sein, und sie werden mein Volk sein. Niemand muss dann den anderen noch belehren, keiner braucht seinem Bruder mehr zu sagen: ‹Erkenne doch den Herrn!› Denn alle – vom Kleinsten bis zum Größten – werden erkennen, wer ich bin. Ich vergebe ihnen ihre Schuld und denke nicht mehr an ihre Sünden.»

Gott selbst hat hier von einem neuen Bund gesprochen. Das bedeutet, dass der erste Bund nicht mehr gilt. Was aber alt und überholt ist, wird bald nicht mehr bestehen.

Hebräer 8, 7–13

Und man beachte: In dem Neuen Bund, von dem hier die Rede ist, wird kein Wort von irgendeinem Land erwähnt.

Vielleicht kann eine Analogie weiterhelfen. Stellen Sie sich vor, Sie konnten sich (mithilfe Ihrer freundlichen Bank) Ihr Traumauto kaufen. Es ist ein absolutes Schmuckstück. Sie lieben das Fahrgefühl, das Aussehen und die Komplimente, die es Ihnen einbringt.

Mit der Zeit jedoch kommt es vor, dass Sie die Raten nicht bezahlen. Anfangs kommt Ihre Überweisung nur ein paar Tage später – dann zwei Wochen später – und bald überspringen Sie ganze Monate. Sie bekommen Mahnungen per Post und E-Mail, aber was soll's, Sie haben viel zu viel Spaß damit, mit Ihrem Auto herumzufahren.

Der Tag der Abrechnung wird kommen, an dem die Bank einen Abschleppwagen schickt, um das Auto zu beschlagnahmen. Sie werden verzweifelt an der Straße stehen und ihm hinterherschauen. Wahrscheinlich kommt es zur Versteigerung, bei der irgendein wildfremder Mensch es sich für einen Schnäppchenpreis unter den Nagel reißt.

Wenn Sie nun eines Tages zufällig dieses Auto beim Supermarkt auf dem Parkplatz stehen sehen, werden Sie dann auf den neuen Besitzer zugehen und sagen: «He, das ist mein Auto!»? Nein, das *war* ihr Auto. Aber Sie haben das Recht verspielt, es zu behalten. Es ist jetzt in andere Hände übergegangen.

Im Fall des heutigen Heiligen Landes hat sich seit 1. Mose 17 viel verändert. Die Geschichte verzeichnet den langen, verschlungenen Weg. Wohin geht es von hier? Tatsächlich gibt es eine Lösung, die in unserer Zeit den berechtigten Interessen sowohl der Juden als auch der Palästinenser gerecht wird. Auf diese Lösung werden wir im dritten Teil dieses Buches zu sprechen kommen.

Zunächst jedoch zu einer letzten Idee, die von Zeit zu Zeit Erwähnung findet.

d) «Der Westen muss sich einfach aus dem ganzen Chaos heraushalten und den Nahen Osten seinem Schicksal überlassen.»

Dies ist ebenso wie einige der anderen Sichtweisen, die wir betrachtet haben, durchaus nachvollziehbar. Rund um die Welt sind Politiker und andere den ganzen Konflikt mit und unter den Muslimen leid. Sie haben keine Lust mehr, darüber nachzudenken. Die ehemalige Gouverneurin Sarah Palin, die 2008 als Vizepräsidentin nominiert war, gab einen schlagfertigen (wenn auch nicht besonders hilfreichen) Spruch von sich, als sie sich kritisch über Präsident Obamas Umgang mit der Situation in Syrien äußerte: «Solange wir keinen Obersten Befehlshaber haben, der weiß, was er tut ... soll sich Allah darum kümmern!»[54]

Aber im Ernst, Isolationismus hat etwas für sich. Es ist immer heikel, wenn man versucht, in den Auseinandersetzungen anderer Leute den Vermittler zu spielen, besonders, wenn man nicht aus ihren Kulturen stammt noch ihre Sprachen fließend spricht – und umso mehr, wenn das, was man bisher unternommen hat, nicht besonders gut funktioniert hat.

Bei Lichte besehen jedoch ist das nicht so einfach, wie es auf den ersten Blick scheint. Zum einen ist da der Faktor Öl. Der Nahe Osten hat reichlich davon, und der Westen braucht es. Die Europäische Union importiert 18 Prozent ihres Öls aus Ländern wie Saudi-Arabien, Irak und Libyen.[55] Kanada fördert zwar in seiner Provinz Alberta im Westen selber Öl, importiert aber dennoch welches für seine dichter bevölkerten östlichen Gebiete – Quebec, die Seeprovinzen, Ontario. Die USA haben zwar in den letzten Jahren ihre eigene Ölproduktion aufgrund von Funden wie etwa in North Dakota steigern können, importieren aber immer noch 1,2 Millionen Barrel saudischen Öls pro Tag. Keines dieser Länder ist daran interessiert, dass ab morgen der Hahn zugedreht wird.

Ein zweiter Gesichtspunkt sind die Stimme und der Einfluss von Lobbyorganisationen und reichen Geldgebern im Westen. Jede der größeren politischen Parteien in Großbritannien hat ihre eigene Gruppe von «Freunden Israels», die auf die Politiker einwirkt. Das American Israel Public Affairs Committee (AIPAC) ist unermüdlich damit beschäftigt, zu zeigen, «dass es im besten Interesse Amerikas liegt, dafür zu sorgen, dass der jüdische Staat sicher, stark und ungefährdet ist».[56] Zu seiner jährlichen Konferenz kommen 16.000 Leute.

Gleichzeitig tritt auch das American-Arab Anti-Discrimination Committee (ADC) eifrig für seine Sicht der Dinge ein. Die Vereinigten Arabischen Emirate (VAE), Marokko und Saudi-Arabien betreiben in Washington eine finanziell gut ausgestattete Öffentlichkeitsarbeit.

> Die Welt ist heute integrierter, gegenseitig abhängiger, «flacher» als je zuvor. Die Ozeane sind heute keine «Abstandhalter» zwischen Nationen mehr, wie es früher der Fall war.

Die Welt ist heute integrierter, gegenseitig abhängiger, «flacher» als je zuvor. Die Ozeane sind heute keine «Abstandhalter» zwischen Nationen mehr, wie es früher der Fall war. Sich zurückzuziehen und seine Grenzen vor den Problemen der Außenwelt zu verschließen, ist keine realistische Option mehr.

Wenn ich den westlichen Regierungen einen Rat geben könnte, wie sie mit dem Nahostkonflikt umgehen sollen, würde ich sagen: «Versucht nicht, die Dinge auf eure Weise zu lösen. Glaubt nicht, ihr wüsstet, was die verschiedenen Gruppen wollen. Fragt sie stattdessen: Wie können wir euch helfen, zu bekommen, was ihr wollt? Was ist eure Zukunftsvision? Was wäre ein realistischer Weg dorthin?»

Die Antwort darauf wird vielleicht nicht so ausfallen, wie es der Westen – oder irgendjemand sonst – gerne hören möchte. Für den IS jedenfalls wird die Forderung nach einem völlig anderen System, einem Kalifat, nicht verhandelbar sein. Aber Dialog ist immer besser als gegenseitige Blockade.

Und während die Gipfeltreffen weitergehen, gibt es Dinge, die wir ganz gewöhnlichen Menschen heute tun können, um einen deutlichen Unterschied zu machen.

Kapitel 8
Wir können alles auf die Endzeit schieben

Ein letzter Gedankengang verdient unsere Aufmerksamkeit, bevor wir weitergehen. Für viele Bibelleser fügt sich die gegenwärtige Terrorflut in ein größeres Bild ein: Sie ist der Anlauf zur Wiederkunft Christi und dem Ende der Zeit. Millionen von Büchern, Videos, Predigten und Vorträgen kommen jedes Jahr unter die Leute, in denen der Frage nachgegangen wird, wie sich die Zukunft entwickeln wird.

Dabei stehen Bibelstellen wie die folgenden im Vordergrund:

Das eine sollst du noch wissen: In den letzten Tagen dieser Welt werden schreckliche Zeiten kommen. Dann werden die Menschen nur sich selbst und ihr Geld lieben. Sie werden sich wichtig tun und sich selbst überschätzen, einander verleumden und sich gegen die Eltern auflehnen, weder Dank noch Ehrfurcht kennen. Lieblos und unversöhnlich werden sie sein, ihre Mitmenschen verleumden und hemmungslos leben, *brutal* und rücksichtslos. *Sie hassen alles Gute, Verräter sind sie, unbeherrscht und aufgeblasen; nur ihr Vergnügen haben sie im Kopf und wollen von Gott nichts wissen. Nach außen tun sie zwar fromm, aber von der Kraft des wirklichen Glaubens wissen sie nichts. Hüte dich vor solchen Menschen!*

2. Timotheus 3,1–5

Von den achtzehn verschiedenen Beschreibungen in diesem Absatz könnte man die drei, die ich oben hervorgehoben habe, zweifellos auf den IS oder andere Terrororganisationen unserer Zeit anwenden.

Hesekiel 38–39 beschreibt ein «riesiges Heer», bewaffnet bis an die Zähne, angeführt von einem gewissen «Gog» aus dem «Land Magog».

Sterblicher Mensch, richte dem Herrscher Gog aus, was ich, der Herr, ihm zu sagen habe: In jener Zeit, wenn mein Volk Israel sich sicher fühlt, wirst du aufbrechen aus deinem Land im Norden, zusammen mit einem großen und mächtigen Heer. Deine Soldaten kommen aus vielen Völkern, sie reiten auf Pferden und fallen in mein Land Israel ein, sie bedecken es wie eine riesige Wolke. Am Ende der Zeit wird dies geschehen. In meinem Auftrag sollst du mein Land überfallen, damit die anderen Völker meine Macht erkennen. Wenn sie sehen, was ich durch dich vollbringe, begreifen sie, dass ich ein heiliger Gott bin.

Hesekiel 38,14–16

Das wirft unmittelbar einige Fragen auf. Wer ist eigentlich «Gog»? Die Theologen haben nie klar beantworten können, wer sich hinter diesem Namen verbirgt. Was ist mit «deinem Land im Norden» gemeint? Russland? Vielleicht, vielleicht auch nicht. Und wenn das alles passieren soll, «wenn mein Volk Israel sich sicher fühlt» – dann hört sich das jedenfalls nicht nach der heutigen Situation im Nahen Osten an, oder?

In seiner berühmten Endzeitrede am Ölberg (Matthäus 24–25, mit Parallelstellen in Markus 13 und Lukas 21) spricht Jesus von einer Zeit in der Zukunft. Seine Jünger haben gerade die eindrucksvolle Architektur des Tempels erwähnt (gemeint ist der Tempel des Herodes, mit dessen Bau im Jahre 19 vor Christus begonnen wurde). Als Jesus sagt, dass dieser Tempel nicht sehr lange halten wird (tatsächlich machten ihn die Römer im Jahr 70 nach Christus dem Erdboden gleich), wollen die erstaunten Jünger wissen: «Wann wird das geschehen? ... Welche Ereignisse werden dein Kommen und das Ende der Welt ankündigen?» (Matthäus 24,3).

Daraufhin trägt Jesus ihnen eine lange Liste von Ereignissen vor. Ziemlich zu Anfang der Liste steht:

Wenn ihr von Kriegen und Unruhen hört, achtet darauf, aber erschreckt nicht! Das muss geschehen, doch es bedeutet noch nicht das Ende. Die Völker und Königreiche der Erde werden Kriege gegeneinander führen. In vielen Teilen der Welt wird es Hungersnöte, Seuchen und Erdbeben geben. Das ist aber erst der Anfang – so wie die ersten Wehen bei einer Geburt.

Matthäus 24,6–8

Redet er von der damaligen Zeit (dem ersten Jahrhundert) oder von unserer heutigen Zeit? Immerhin könnte man sich jedes beliebige Jahrhundert aussuchen – es wäre nicht schwer, darin Kriege, Hungersnöte und Erdbeben zu finden. Ein in Holland geborener Theologe namens J. Marcellus Kik hat ein ganzes

Buch über Matthäus 24 geschrieben und darin die Ansicht geäu-
ßert, Jesus beziehe sich in dieser Passage auf mehrere blutige
Schlachten der fünfziger und sechziger Jahre des ersten Jahrhunderts, die Hungersnot, von der in Apostelgeschichte 11,28
die Rede ist, und das Erdbeben, durch das im Jahre 62 nach
Christus Pompeji zerstört wurde. Er sagt:

> In der ganzen Geschichte hat es Leute gegeben, die diese Zei-
> chen als Hinweise auf das nahende Ende der Welt verstanden
> haben. Selbst heute noch werden nationale und internatio-
> nale Katastrophen als schlüssige Beweise dafür angeführt,
> die Welt gehe ihrem Ende entgegen. Der Herr aber lehrt,
> dass diese Zeichen nicht einmal das Ende Jerusalems bedeu-
> teten. Er sagt: «Das ist aber erst der Anfang.» Deshalb sollten
> die Jünger sich nicht beunruhigen, wenn sie diese Ereignisse
> sahen.[57]

Nach Kiks Auslegung richtet Jesus den Blick auf die unmittelbar
bevorstehende Zeit, bis er in Vers 34 sagt: «Wahrlich, ich sage
euch: Dieses Geschlecht wird nicht vergehen, bis dies alles geschehen ist» (Elberfelder). In Vers 36 jedoch wechselt er abrupt
die Richtung: «Niemand weiß, wann das Ende kommen wird,
weder die Engel im Himmel noch der Sohn. Den Tag und die
Stunde kennt nur der Vater.» Welchen Tag oder welche Stunde?
Anscheinend meint er sein Kommen und das Ende der Welt,
nach dem die Jünger ja gefragt haben.

Ist das korrekt? Etliche Theologen stimmen zu. Andere sagen: Nein, das ganze Kapitel handelt von der Endzeit, und all seine verschiedenen Anzeichen spielen sich heute im Nahen Osten ab. Wer hat recht?

Wir kratzen uns am Kopf

Ich habe hier nicht vor, zu den vielen Debatten über Eschatologie Stellung zu beziehen. Wann wird Jesus wiederkommen? Ich weiß es wirklich nicht – und Sie wissen es auch nicht. Angesichts dessen tun wir wahrscheinlich gut daran, behutsam und demütig zu bleiben, wenn wir darüber reden, was wann und in welcher Reihenfolge geschehen wird.

> Wann wird Jesus wiederkommen? Ich weiß es wirklich nicht – und Sie wissen es auch nicht.

Schließlich haben sich Christen in der Vergangenheit schon allzu oft blamiert. Ein prominenter Evangelist in den 1930ern, Charles S. Price, verkündete im Brustton der Überzeugung, Benito Mussolini, der faschistische Diktator Italiens, sei höchstwahrscheinlich der Antichrist. Schließlich war er böse und gewalttätig und hatte sogar sein Hauptquartier in Rom! Price brachte sein Traktat über das Thema zu Tausenden unter die Leute – bis Mussolini und seine Geliebte am 27. April 1945 in einem italienischen Dorf oben nahe der Schweizer Grenze erschossen wurden. Damit hatte seine Macht ein Ende. Upps.

Als Edmund Muskie, Senator für den Bundesstaat Maine, auf dem Höhepunkt seiner Karriere in der amerikanischen Politik stand (er war 1968 der Kandidat der Demokraten für das Amt des Vizepräsidenten und vier Jahre später für eine Weile der Favorit der Demokraten für die Präsidentschaftskandidatur), glaubten manche Christen ein ominöses Zeichen zu erkennen. Bestanden nicht seine drei Namen aus jeweils sechs Buchstaben? E-d-m-u-n-d S-i-x-t-u-s M-u-s-k-i-e – 666! Vielleicht war er der Antichrist! Weit gefehlt.

Ein weiteres Mal gab es Aufregung um einen Mann namens Edgar S. Whisenant, der im Selbstverlag ein Büchlein unter dem Titel *88 Reasons Why the Rapture Will Be in 1988* veröffentlichte. Immerhin würden in diesem Jahr vierzig Jahre – ein «Geschlecht»? – seit der Gründung des neuen Staates Israel vergangen sein. Er verschickte 300.000 Exemplare an amerikanische Geistliche und verkaufte weitere 4,5 Millionen über Buchhandlungen und bei öffentlichen Veranstaltungen. Das Trinity Broadcasting Network (TBN) verschaffte dem Traktat große Bekanntheit. Freilich erschien Jesus in jenem Jahr nicht in den Wolken – worauf Whisenant erklärte, er hätte sich ein wenig verrechnet; er hätte 1989 sagen sollen – um dann seine Voraussage auf 1993 und dann gar 1994 zu ändern …

Erst vor ein paar Jahren nahm ein Autor namens Bill Salus den Psalm 83 unter die Lupe und behauptete, darin einen bald bevorstehenden Angriff auf das moderne Israel durch eine Koalition seiner arabischen Nachbarn zu erkennen. Konkret ging es um die Verse:

Darin sind sie sich völlig einig, alle haben sich gegen dich verschworen: die Beduinen von Edom und die Ismaeliter, die Moabiter und die Hagariter, die von Gebal, Ammon und Amalek, die Philister und die Bewohner von Tyrus; sogar die Assyrer haben sich ihnen angeschlossen – sie verbünden sich mit den Moabitern und den Ammonitern.

Psalm 83,6–9

Bill Salus nennt dies den «Auslöschungskrieg», mit dem die Endzeit eingeläutet wird.[58]

Andere Theologen jedoch sind nicht überzeugt. Ihrer Meinung nach verweist dieser Psalm stattdessen auf die Mitte des neunten Jahrhunderts vor Christus, als zur Zeit des Königs Joschafat eine multinationale Koalition Juda angriff (siehe 2. Chronik 20).

Oder – vielleicht sind diese vier Verse überhaupt keine Prophezeiung. Der Psalm als Ganzes ist im Grunde ein Gebet, Gott möge das alte Israel beschützen und seine Feinde zurückdrängen.

Auch hier stellt sich wieder die Frage: Wessen Aussage ist maßgeblich?

Was viel wichtiger ist ...

Ich habe ein tieferes Anliegen, als all die Figuren zu identifizieren und in eine Prophetie-Tabelle einzusortieren. Mir scheint, die Lehre über die Endzeit erschöpft sich heutzutage oftmals in

reiner Spekulation, und das ist alles. Sie ist zu einer faszinieren-
den Nebensache geworden. Sie spornt Christen nicht zum Handeln an. Sie führt niemanden zum Herrn.

Wenn all das Interesse an Prophetie nur dazu führt, dass
Christen sich zurücklehnen und darauf warten, dass das «Feuer-
werk» beginnt, was hat das für einen Sinn?

> Die Lehre über die Endzeit erschöpft sich heutzutage
> oftmals in reiner Spekulation, und das ist alles. Sie ist zu
> einer faszinierenden Nebensache geworden.

Ich neige von Natur aus zum Aktivismus. Wenn ich morgens
aufstehe, richte ich den Blick darauf, hier und jetzt Gottes Werk
zu tun, unabhängig davon, ob es irgendeine prophetische Bedeutung hat. Ich arbeite für das verzweifelte Bedürfnis nach
Frieden und Versöhnung, um mehr Männer und Frauen und
Kinder für Christus zu erreichen, bevor er wiederkommt. Wenn
der Nahe Osten morgen explodiert und es ein noch schlimmeres
Blutbad gibt als bisher, dann bedeutet das eine ewige Tragik für
Millionen von Menschen, die noch nicht zum Erlöser geführt
wurden. Ich muss *heute* mein Teil tun, ohne eine Ahnung zu haben, wie viel Zeit noch bleibt.

Als die Jünger Jesu einen blinden Mann sahen und sich in
theologischen Spitzfindigkeiten darüber ergehen wollten,
was die Ursache für dieses Problem war, brachte der Meister
sie zum Schweigen, indem er sagte: «Ich muss die Aufgaben,
die Gott mir gegeben hat, erfüllen, solange es Tag ist. Bald

kommt die Nacht, in der niemand mehr etwas tun kann» (Johannes 9,4).

Terrorismus ist meiner Ansicht nach ein Übel, das Gott gegenwärtig zulässt, um sein Volk für seine Verantwortung wachzurütteln. Er soll uns nicht verängstigen oder lähmen, sondern er soll uns dazu motivieren, Lichtbringer zu sein, bevor sich die Nacht über diese Erde legt – wann immer das sein wird.

> Terrorismus ist meiner Ansicht nach ein Übel, das Gott gegenwärtig zulässt, um sein Volk für seine Verantwortung wachzurütteln.

Im letzten Kapitel der Bibel (Offenbarung 22) wird unser Herr dreimal mit den Worten zitiert: «Macht euch bereit! Ich komme bald» (Vers 7); «Macht euch bereit! Ich komme schnell und unerwartet» (Vers 12); «Ja, ich komme bald» (Vers 20). Wann ist «bald»? Darauf sind wir alle neugierig. Aber es ist uns nicht gegeben, das zu wissen. Dagegen *ist* es unsere Aufgabe, so zu planen und zu arbeiten, als käme er heute wieder – oder morgen – oder in tausend Jahren.

Als Jesus in Jericho war, erzählte er eine Geschichte, der hier besondere Bedeutung zukommt. (Sie können sich vorstellen, dass ich immer, wenn im Alten oder Neuen Testament von «Jericho» die Rede ist, die Ohren spitze!) Lukas 19 berichtet, wie Jesus hier in unserer Stadt ankam und von einer begeisterten Menge empfangen wurde. Darunter war ein Zolleinnehmer namens Zachäus, der so kleinwüchsig war, dass er ihn nicht einmal sehen konnte, und deshalb auf einen Maulbeerbaum stieg, um einen besseren Blick zu bekommen. (Ebendieser Baum steht übrigens angeblich noch heute nur etwa einen Kilometer die Straße hinunter von unserem Büro von Seeds of Hope entfernt. Ständig halten dort Touristen an, um Fotos zu machen.) Wie Sie sich erinnern, ging Jesus an jenem Tag zu Zachäus nach Hause, mit der Folge, dass Zachäus eine dramatische innere Wandlung erlebte. «Heute hat Gott dir und allen, die in deinem Haus leben, Rettung gebracht», sagte Jesus (Vers 9).

Dann geht es weiter:

> Die Leute hörten Jesus aufmerksam zu. [Offensichtlich befinden wir uns immer noch in Jericho.] Sie meinten, Gottes neue Welt würde sichtbar kommen, sobald Jesus in Jerusalem eintraf. Darum erzählte er ihnen noch ein Gleichnis …
>
> *Lukas 19,11*

Seine Zuhörer dachten über die Zukunft nach – über Eschatologie, könnten wir sagen. Sie fragten sich, ob nun bald das Reich Gottes in seiner ganzen Herrlichkeit anbrechen würde.

Jesus beantwortete ihre Frage nicht direkt. Stattdessen sprach er von einem Fürsten, der in ein fernes Land zieht, um sich zum König krönen zu lassen und dann wieder zurückzukehren (siehe Vers 12). Vor seinem Aufbruch ruft er zehn seiner Knechte zu sich und gibt jedem von ihnen ein Pfund Silberstücke (etwa drei Monatslöhne), die sie gewinnbringend einsetzen sollen, während er weg ist.

Sie kennen die Geschichte – manchen von ihnen gelingt es besser als anderen, ihr Geld zu vermehren. Ein Bursche unternimmt sogar überhaupt nichts, außer dass er das Geld versteckt und wieder hervorholt, als sein Herr zurückkehrt. Damit handelt er sich einen scharfen Tadel ein.

Die Moral von der Geschichte? Bleib nicht auf deinen Gaben sitzen. Beobachte nicht dauernd die Uhr oder den Kalender, um zu erraten, wann der Tag der Abrechnung kommt. Mach dich an die Arbeit! Setz deine ganze Kraft daran, die Schätze deines Meisters zu vermehren.

Heute bin ich völlig überzeugt davon, dass Jesus zu uns ebenso wie damals zu den Knechten sagt: «Setzt dieses Geld gewinnbringend ein! Ich komme bald zurück!» (Vers 13). Prophetische Bibelstellen sind nicht nur zu unserer Unterhaltung und zur Spekulation gedacht. Sie sollen uns daran erinnern, dass die Zeit knapp ist. Der Meister kommt.

Das gilt hier in Jericho, quer durch den Nahen Osten, in Europa, in Amerika – in jedem Winkel der Welt.

Dritter Teil

Ein besserer Weg

Kapitel 9
Gottes Pläne für Isaak –
und für Ismael

Es gibt ein fröhliches Kinderliedchen mit dazugehörigen Bewegungen, das folgendermaßen geht:

> Vater Abraham hat viele Kinder,
> viele Kinder hat Vater Abraham.
> Ich bin eins davon, und eins bist du.
> So preisen wir den Herrn.

Diese Worte sind vollkommen biblisch. Abraham hatte tatsächlich viele Kinder. Hier sind diejenigen, von denen wir wissen, in der Reihenfolge ihrer Geburt:

	Sohn	Seine Mutter	Belegstellen
1.	Ismael	Hagar	1. Mose 16,15f.
2.	Isaak	Sara	1. Mose 21,1–3
3.	Simran	Ketura	1. Mose 25,1–2; 1. Chronik 1,32
4.	Jokschan	Ketura	1. Mose 25,1–3.; 1. Chronik 1,32
5.	Medan	Ketura	1. Mose 25,1–2; 1. Chronik 1,32
6.	Midian	Ketura	1. Mose 25,1–2.4
7.	Jischbak	Ketura	1. Mose 25,1–2; 1. Chronik 1,32
8.	Schuach	Ketura	1. Mose 25,1–2; 1. Chronik 1,32

Als Gott Abraham die Verheißung gab, er werde «Stammvater vieler Völker» werden (im *Plural* – siehe 1. Mose 17,4–5), war das keine Übertreibung. Zuvor hatte Gott bereits zu Abraham gesagt: «Schau dir den Himmel an, und versuche, die Sterne zu zählen! Genauso werden deine Nachkommen sein» (1. Mose 15,5). Eine beträchtliche Anzahl von Volksgruppen würde einmal ihre Herkunft auf diesen Mann des Glaubens zurückführen.

Wir wissen nicht viel darüber, was aus den Söhnen Nummer drei bis acht wurde – lediglich die «Midianiter» kommen im Alten Testament gelegentlich vor.[59] In der Bibel steht vielmehr Sohn Nummer zwei im Rampenlicht – Isaak.

Warum nicht der Erstgeborene, könnten wir Ismaeliten fragen? Warum wird die Linie Isaaks so bevorzugt?

Doch gewöhnlichen Sterblichen kommt es nicht zu, diese Frage aufzuwerfen. Es steht und stand Gott immer frei, zu erwählen, wen er will – und wie es scheint, ist es ihm nicht sehr wichtig, wer der Ältere ist. Er erwählte Jakob vor seinem älteren Zwillingsbruder Esau. Er erwählte Mose, das jüngste von drei Geschwistern, um das Volk Israel aus der ägyptischen Gefangenschaft zu führen. Er erwählte Gideon, den Jüngsten in seiner Familie (siehe Richter 6,15), ein erfolgreicher Feldherr und Richter zu werden. Er erwählte David, den «Fußabtreter» in einer großen Familie, um das Volk groß zu machen.

Das ist Gottes Angelegenheit.

Gottes Plan für das Haus Isaak

Gott hatte unbestreitbar für Isaaks Zukunft eine besondere Rolle im Blick (oder genauer gesagt: für die Zukunft Jakobs, des jüngeren Sohnes von Isaak). Schon bevor Isaak geboren war, versprach Gott, einen einzigartigen Bund mit ihm zu schließen (siehe 1. Mose 17,19.21).

Als Erwachsener erhielt Isaak eine direkte Botschaft von Gott, wie er eine Hungersnot überstehen könne: «Bleib in diesem Land! Ich werde dir immer beistehen und dich reich beschenken» (1. Mose 26,3). Bei derselben Gelegenheit richtete Gott den Blick weit in die Zukunft und fügte hinzu: «Ich mache deine Nachkommen so zahlreich wie die Sterne am Himmel und überlasse ihnen dieses Land. Alle Völker der Erde werden mich bitten, sie so zu segnen, wie ich dich segnen werde» (Vers 4). Selbst seine heidnischen Nachbarn sagten später: «Wir haben erkannt, dass der Herr auf deiner Seite steht» (Vers 28).

Das Wachstum und die Entwicklung der Linie Isaaks (Jakob) nehmen in der Bibel Hunderte von Seiten ein. Dies ist die Linie, aus der eines Tages «zu der von Gott festgesetzten Zeit» (Galater 4,4) der Messias hervorgehen würde, um die ganze Welt zu segnen und zu retten. Jesus war eindeutig ein Nachkomme des Hauses Isaak und Jakob/Israel. Wenn Sie sich davon überzeugen wollen, finden Sie in Matthäus 1 und Lukas 3 seinen ausführlichen Stammbaum. Er wuchs als Jude auf: Als neugeborenes Kind wurde er nach Jerusalem in den Tempel gebracht. Als

Zwölfjähriger war er wieder dort. Er wuchs in der Synagoge von Nazareth heran und besuchte auch als Erwachsener weiterhin die Synagoge (siehe Lukas 4,16). Mit der Thora war er offensichtlich bestens vertraut.

Das jüdische Volk ist zu Recht stolz auf seine einzigartige Rolle in der Welt als der Kanal, durch den Gott sich in Jesus der ganzen Menschheit offenbart hat.

> Das jüdische Volk ist zu Recht stolz auf seine einzigartige Rolle in der Welt als der Kanal, durch den Gott sich in Jesus der ganzen Menschheit offenbart hat.

Richtig verstanden habe ich das erst, als ich Anfang vierzig war. An einem schicksalhaften Tag versuchte mein langjähriger Freund und Kunde Charlie Sharpe mir zu helfen, der Ängste und der Unruhe in meinem Leben Herr zu werden, und sagte: «Die Sache ist die, Tass: Wenn du den Frieden haben willst, den ich habe, musst du einen Juden lieben.»

Waaas? Ich war außer mir vor Wut. Die Juden hatte ich immer leidenschaftlich gehasst. Mein Motto war immer gewesen: «Nur ein toter Jude ist ein guter Jude!» … Charlie musste mit Engelszungen auf mich einreden, um mich zu beruhigen und mir begreiflich zu machen, dass der Eine, den ich wirklich in meinem Leben brauchte, tatsächlich ein Sohn Isaaks, ein Sohn Jakobs, der Sohn Davids war. (Die ganze Geschichte meiner geistlichen Geburt an jenem Tag finden Sie in meiner Autobiografie *Ich kämpfte für Arafat*.)

Gottes Plan für das Haus Ismael

Und was wurde inzwischen aus Isaaks älterem Bruder?

Im vierten Kapitel dieses Buches haben wir bereits von dem schwierigen Start für Ismael und seine Mutter Hagar gesprochen. Noch während sie mit ihm schwanger war, wurde sie durch Saras Eifersucht vorübergehend aus dem Haus vertrieben, durfte dann aber zurückkehren. Schließlich, als Ismael ein Jugendlicher war, wurden die beiden für immer fortgeschickt.

Aber das ist nicht die ganze Geschichte. Bei Weitem nicht. Wir müssen uns diesen jungen Mann näher anschauen.

Sein Vater Abraham verachtete ihn ursprünglich nicht – und seine Mutter übrigens auch nicht. Von unserer heutigen Warte aus könnte man Hagar für eine Schlampe halten, eine Verführerin, einen Seitensprung. Aber die ganze Beziehung zu Abraham war überhaupt nicht ihre Idee gewesen, sondern Saras. Hagar kümmerte sich still um ihre eigenen Angelegenheiten als Sklavin im Haushalt, als Sara «ihm Hagar zur Nebenfrau» gab. «Er schlief mit Hagar, und sie wurde schwanger» (1. Mose 16,3–4). Man beachte die Bezeichnung ihrer Rolle – *Nebenfrau*. Sie war keine Konkubine. Sie war keine Leihmutter. Sie war keine Prostituierte. Sie war eine *Ehefrau*.

Vierzehn Jahre lang war Ismael das einzige Kind im Haus. Der Kronprinz. Zweifellos war sein Vater völlig vernarrt in ihn. Er sollte eines Tages Abrahams beträchtlichen Reichtum erben. Er war der Stammhalter der Familie.

Als Gott dann von einem zweiten Sohn für die Familie zu reden begann, wurde Abraham sogleich nervös. Was mag ihm in diesem Moment durch den Kopf gegangen sein? *He, Moment mal – ich habe doch schon einen Sohn! Er ist mein Stolz und meine Freude.* Die Bibel berichtet, dass er tatsächlich Gott gegenüber ausrief: «Ja, erhalte doch Ismael am Leben!» (1. Mose 17,18).

Und was antwortete Gott darauf? Sagte er vielleicht: «Ach was, vergiss Ismael. Er ist ein Loser. Auf ihn solltest du nicht deine Hoffnungen setzen, Abraham. Schick ihn weg …»

Weit gefehlt.

«Aber auch deine Bitte für Ismael will ich erfüllen», erwiderte Gott. «Ich werde ihn segnen und ihm viele Nachkommen schenken. Zwölf Fürsten sollen von ihm abstammen, und er wird der Stammvater eines großen Volkes werden.» Lesen Sie es selbst in 1. Mose 17,20; da steht es schwarz auf weiß. Der ismaelitische Segen, wenn Sie so wollen.

Gott behielt diesen jungen Mann und seine Mutter im Auge. Als sie an einem glühend heißen Tag in verzweifelte Not gerieten, sandte Gott ihnen seinen Engel zur Rettung, der ihnen zurief: «Warum weinst du, Hagar? Hab keine Angst – Gott hat das Schreien des Kindes dort unter dem Strauch gehört! Geh zu dem Jungen, und heb ihn auf, denn aus seinen Nachkommen will ich ein großes Volk machen!» (1. Mose 21,17–18). Plötzlich stieg eine Wasserquelle aus dem Wüstensand auf und rettete sie vor dem Tod durch Verdursten.

Damit war Gottes Fürsorge noch nicht zu Ende. In 1. Mose 21,20 geht es weiter: «Gott kümmerte sich auch weiterhin um

Ismael. Er wuchs heran und wurde ein guter Bogenschütze. Er lebte in der Wüste Paran, und seine Mutter gab ihm eine Ägypterin zur Frau.»

Und aus dieser Verbindung entstanden, wer hätte es gedacht, genau zwölf Söhne, wie Gott es schon vor seiner Geburt angekündigt hatte. Ihre Namen sind in 1. Mose 25,12–15 verzeichnet. Und aus ihnen wurden keineswegs gescheiterte Existenzen. Die Bibel nennt sie die «Begründer von zwölf Stämmen» (Vers 16).

Zwei dieser Namen tauchen Jahrhunderte später in den Prophezeiungen des Jesaja auf – und zwar in *positivem* Licht. Der Text ruft dazu auf, ein Loblied für den Herrn zu singen, und sagt: «Auch die Wüste und ihre Bewohner sollen in das Lied mit einstimmen. Singt und jubelt, ihr Beduinen von Kedar!» (Jesaja 42,11). Kedar war Ismaels zweiter Sohn. In Jesaja 60,7 taucht sein Name erneut auf:

Die Nomaden aus Kedar in Arabien treiben ihre Schafherden nach Jerusalem, und die Bewohner von Nebajot schenken dir ihre Schafböcke. Du sollst sie mir als Opfer darbringen, an dem ich meine Freude habe. So werde ich meinen Tempel noch herrlicher schmücken.

Als ich all dies zum ersten Mal in der Bibel entdeckte, hätte ich beinahe von meinem Sessel aus einen Luftsprung gemacht. Dann waren wir Ismaeliten ja doch nicht von Gott verflucht! Wir waren nicht, wie so viele Menschen glauben, der Abschaum des Menschengeschlechts, ein Volk zum Wegwerfen.

Der eine Gott, der einzig wahre und lebendige Gott, hat seit Tausenden von Jahren in Freundlichkeit und Fürsorge über uns gewacht.

Überrascht?

Im neunzehnten Jahrhundert schrieb ein gefeierter holländischer Dichter namens Isaac da Costa (der übrigens Jude war) ein episches Gedicht mit dem Titel «Hagar». Obwohl die Übersetzung dem herrlichen niederländischen Original nicht gerecht werden kann, können wir immer noch die anrührende Aussage in diesen Auszügen erfassen. Der erste drückt Gottes Verheißung an jenem Schicksalstag aus, nachdem Hagar und Ismael aus dem Haushalt Abrahams fortgeschickt worden waren:

> Ismael, du sollst nicht sterben! Das wüste Land,
> das dir zum Grab zu werden drohte, soll schmecken
> deinen Ruhm und ihn verkünden. ...

Später lesen wir in dem Gedicht:

> Oh Mutter Ismaels!
> Das Wort, das Gott gesprochen,
> war nie umsonst, was er verheißt, ward nie gebrochen,
> sei's Segensgabe, sei es drohendes Gericht,
> sei's erdenzeitlich oder ew'ges Himmelslicht.

… Denn kommen wird die Zeit,

da Ismael neigen wird sein edles Fürstenhaupt

vor jenem größten Fürsten von Isaaks königlichem Blut.[60]

Immer, wenn ich über die guten Pläne Gottes mit dem Haus Ismael spreche oder schreibe, reagieren meine christlichen Zuhörer und Leser überrascht. «Das ist mir in der Bibel noch nie aufgefallen!», rufen sie.

Eines Tages erhielt ich eine lange E-Mail – auf Deutsch – von einem Mann, dessen Namen ich nicht erkannte. Es dauerte eine Weile, bis ich sie übersetzen lassen konnte. Der Absender war ein Pastor, inzwischen in den Siebzigern, der maßgeblich für die Entwicklung von Lehrplänen für die Bibelschulen in ganz Ostdeutschland verantwortlich war. «Ich habe gerade Ihr Buch gelesen», schrieb er, «und bin verblüfft über die Abschnitte über Ismaels Rolle im Plan Gottes. Ich würde Sie gern persönlich treffen, um das näher zu erörtern.»

Ich schrieb ihm zurück, dazu sei ich gern bereit, wenn ich das nächste Mal in Europa unterwegs sei. Aber diese Gelegenheit ergab sich nicht schnell genug für ihn. Er und seine Organisation wollten mich eigens kommen lassen und übernahmen meine gesamten Reisekosten.

Nach fünfstündigem Flug landete ich abends in Frankfurt. Einer meiner Gastgeber, der Englisch sprach, holte mich dort ab. Gemeinsam traten wir die lange Fahrt zu der Stadt an, in der der Pastor wohnte. Wir erreichten sie erst gegen zwei Uhr morgens. Der Pastor war wach geblieben, um mich zu empfangen! Er konnte den nächsten Tag nicht abwarten, um unser Gespräch zu beginnen. Also setzten wir uns hin und redeten – und wir verbrachten die nächsten neun Stunden (mithilfe eines Übersetzers) ununterbrochen im Gespräch. «Wie konnte ich diesen wichtigen Teil der Heiligen Schrift nur übersehen?», sagte der alte Herr unter Tränen. «Wir müssen alle unsere Lehrpläne ändern.»

Er fuhr fort: «Ich bin pro-Israel, und ich liebe Israel; ich werde immer für Israel einstehen. Aber die Wahrheit muss gesagt werden.»

Eine prophetische Vision

Was sollen wir nun aus alledem schließen? Wenn es Gottes Plan ist, sowohl das Haus Isaak als auch das Haus Ismael zu segnen – die beide untereinander vermischt auf demselben Fleckchen Erde im Nahen Osten leben –, wie kann diese göttliche Absicht dann Wirklichkeit werden? Was kann die beiden Seiten davon abhalten, sich gegenseitig an die Kehle zu gehen? Was kann dem Terror, dem Töten, den Ungerechtigkeiten, der Angst ein Ende machen?

> Wenn es Gottes Plan ist, sowohl das Haus Isaak als auch das Haus Ismael zu segnen – die beide untereinander vermischt auf demselben Fleckchen Erde im Nahen Osten leben –, wie kann diese göttliche Absicht dann Wirklichkeit werden? Was kann die beiden Seiten davon abhalten, sich gegenseitig an die Kehle zu gehen?

Dazu wird ein anderes Verständnis nötig sein, ein anderer Traum bei allen Beteiligten. Und Gott hat diesen Traum bereits in verschiedenen prophetischen Schriften beschrieben. Sowohl Jesaja als auch Micha sagten voraus, was einmal kommen wird:

> Viele Völker [nicht nur eines!] ziehen los und rufen einander zu:
>
> «Kommt, wir wollen auf den Berg des Herrn steigen, zum Tempel des Gottes Israels! Dort wird er uns sein Gesetz lehren, damit wir so leben, wie er es will!»
>
> Denn vom Berg Zion aus wird der Herr seine Weisungen geben, in Jerusalem wird er der ganzen Welt seine Gebote verkünden.
>
> Gott selbst schlichtet den Streit zwischen den [Mehrzahl!] Völkern, und *den mächtigen Nationen in weiter Ferne* spricht er Recht.
>
> *Micha 4,2–3; siehe auch den fast identischen Wortlaut in Jesaja 2,3–4*

Seien Sie nicht zu voreilig damit, diese beiden Passagen als Beschreibung eines fernen Jahrtausends abzutun. Beide werden mit den schlichten Worten «Am Ende der Zeit ...» eingeleitet – ein Ausdruck, der andernorts verwendet wird für den gesamten Zeitraum von der ersten Ankunft Jesu (siehe Hebräer 1,2) über die Ausgießung des Heiligen Geistes an Pfingsten (siehe das Zitat des Petrus aus dem Propheten Joel in Apostelgeschichte

2,16–21) bis hin zu der Zeit, in der die Übeltäter die Oberhand
gewinnen (siehe 2. Timotheus 3,1; 2. Petrus 3,3).

Die vielleicht längste und bemerkenswerteste biblische Ver-
sion des Willens Gottes für das Heilige Land wurde dem Propheten Hesekiel geschenkt. Volle neun Kapitel lang (40–48) berichtet er davon, wie Gott ihn «in das Land Israel, auf einen
hohen Berg» führte (40,2), von wo aus er die Gebäude der Stadt,
den Tempelbereich und die umliegenden Felder sehen konnte.
«Ein Mann, dessen Körper wie Bronze schimmerte» (40,3),
führte Hesekiel ausgiebig herum zu verschiedenen Toren und
Höfen und einem großen Altar. An einer Stelle kam «die Herrlichkeit des Gottes Israels ... von Osten und brauste, wie ein
großes Wasser braust, und es ward sehr licht auf der Erde von
seiner Herrlichkeit», so dass der Prophet vor ihm niederfiel und
mit dem Gesicht den Boden berührte, bis der Geist Gottes ihn
wieder emporhob, wo er sah, «wie der ganze Tempel von der
herrlichen Erscheinung des Herrn erfüllt wurde» (43,2–5; Luther
und Hfa).

Gegen Ende der Vision kommt das Thema Landverteilung zur
Sprache. Der Herr gibt eine detaillierte Beschreibung der Au-
ßengrenzen des Territoriums – und fügt dann eine äußerst ungewöhnliche Anweisung hinzu. Lesen Sie aufmerksam:

Teilt dieses Land unter eure Stämme auf. Ihr sollt es für immer besitzen und an eure Nachkommen weitervererben.
Jede Familie bekommt ihren Anteil durch das Los zugewie-
sen; dabei sollen die Fremden, die unter euch leben, genauso

berücksichtigt werden. Wenn das Land der einzelnen Stämme aufgeteilt wird, dann behandelt die Fremden und ihre Familien wie Israeliten. Sie sollen euch in allem gleichgestellt sein. In dem Stammesgebiet, wo sie wohnen, steht ihnen ihr eigener Anteil zu. Ich, der Herr, will es so.

Hesekiel 47,21–23

Gary Burge gibt einen beachtenswerten Kommentar zu diesem Abschnitt:

Dies ist in der Tat ein Neuanfang. Aber mit einer überraschenden Wendung: Die im Land geborenen Fremden [oder Ausländer], die neben Israel im Lande wohnen, sollen als Bürger Israels behandelt werden. ... Der Fremde wird ein Erbe neben Israel erlangen, und das Land wird in bisher nie gekannter Weise miteinander geteilt werden.[61]

Zugegebenermaßen entspricht das nicht den gegenwärtigen Paradigmen im Heiligen Land, weder den israelischen noch den palästinensischen. Es liegt definitiv jenseits der ausgetretenen Pfade des Denkens. Israel will unverhohlen einen jüdischen Staat. Die Araber (Muslime wie Christen) wollen ebenfalls ihren Glauben frei praktizieren.

Wir haben noch einen weiten Weg vor uns, bevor wir bei Hesekiels Vision von Frieden und gegenseitigem Respekt angekommen sind.

Dennoch sehen wir die ersten Anzeichen dafür in der neutestamentlichen Gemeinde. In ihren ersten Jahren war sie in überwältigender Mehrzahl jüdisch. Aber als das Evangelium im ganzen Reich immer mehr Aufmerksamkeit fand, stieg der Anteil der Nichtjuden. Natürlich war das nicht jedem recht. Ein großer Gemeinderat musste einberufen werden (siehe Apostelgeschichte 15), um den zukünftigen Weg zu bestimmen. Mit der Zeit jedoch kamen die Leute zu folgender Überzeugung:

Durch Christus haben wir Frieden. Er hat Juden und Nichtjuden in seiner Gemeinde vereint und die Mauer zwischen ihnen niedergerissen. Durch sein Sterben hat er das jüdische Gesetz mit all seinen Geboten und Forderungen endgültig außer Kraft gesetzt. Durch Christus leben wir nicht länger voneinander getrennt, der eine als Jude, der andere als Nichtjude. Als Christen sind wir eins. So hat er zwischen uns Frieden gestiftet. Christus ist für alle Menschen am Kreuz gestorben, damit wir alle Frieden mit Gott haben. In seinem neuen Leib, der Gemeinde Christi, können wir nun als Versöhnte miteinander leben. Christus ist gekommen und hat seine Friedensbotschaft allen gebracht: euch, die ihr fern von Gott lebtet, und allen, die nahe bei ihm waren. Durch Christus dürfen jetzt alle, Juden wie Nichtjuden, vereint in einem Geist, zu Gott, dem Vater, kommen.

So seid ihr nicht länger Fremde und Heimatlose; ihr gehört jetzt als Bürger zum Volk Gottes, ja sogar zu seiner Familie. Als Gemeinde Jesu Christi steht ihr auf dem Fundament der

Apostel und Propheten. Doch der Stein, der dieses Gebäude trägt und zusammenhält, ist Jesus Christus selbst. Durch ihn sind die Bauteile untereinander fest verbunden und wachsen zu einem Tempel des Herrn heran.

Epheser 2,14–21

Der Mann, der diese alle Kategorien sprengenden Worte schrieb, war Jude bis ins Mark – der Apostel Paulus. Offensichtlich hatte er seine ethnische Identität zu einem ganz neuen Selbstverständnis erweitert. An anderen Stellen ging er so weit, das Jude-Sein neu zu definieren. Hier sind ein paar Kostproben:

Die jüdische Abstammung und die Beschneidung sind nur äußerlich und lassen noch niemanden wirklich zum Juden werden. Jude ist man im tiefsten Inneren, wenn die Beschneidung mehr bedeutet als die Erfüllung toter Buchstaben. Was wirklich zählt, ist die Beschneidung, die vom Heiligen Geist kommt und einen Menschen völlig verändert.

Einer Gruppe eindeutig nichtjüdischer Gläubiger in Galatien (in der heutigen Zentraltürkei) schrieb er freimütig:

Jetzt ist es nicht mehr wichtig, ob ihr Juden oder Griechen, Sklaven oder Freie, Männer oder Frauen seid: In Christus seid ihr alle eins. Gehört ihr aber zu Christus, dann seid auch ihr Nachkommen Abrahams.

Galater 3,28–29

Paulus scheute sich sogar nicht, Begriffe ein wenig zu verbiegen, als er den Galatern schrieb:

> Denn weder Beschneidung noch Unbeschnittensein gilt etwas, sondern eine neue Schöpfung. Und so viele dieser Richtschnur folgen werden – Friede und Barmherzigkeit über sie und über *das Israel Gottes!*
>
> *Galater 6,15–16 (Elberfelder)*

Dies steht im Zusammenhang mit seiner kühnen Aussage gegenüber den Römern:

> Denn nicht alle, die aus Israel sind, die sind Israeliten.
>
> *Römer 9,6 (Elberfelder)*

Können Sie sich vorstellen, wie manche Leser bei diesen Worten zusammenzuckten? Er gab dem Begriff des auserwählten Volkes eine völlig neue Bedeutung.

Einer anderen nichtjüdischen Gemeinde schrieb Paulus viele Jahre später aus dem Gefängnis:

> Hört auf, euch gegenseitig zu belügen. Ihr habt doch euer früheres Leben mit allem, was dazugehörte, wie alte Kleider abgelegt. Jetzt habt ihr neue Kleider an, denn ihr seid neue Menschen geworden. Gott hat euch erneuert, und ihr entsprecht immer mehr dem Bild, nach dem er euch geschaffen hat. So habt ihr Gemeinschaft mit Gott und ver-

steht immer besser, was ihm gefällt. Dann ist unwichtig, ob einer Grieche oder Jude ist, beschnitten oder unbeschnitten, ob er aus einem Volk ohne hohe Kultur kommt, ob er aus einem Nomadenvolk stammt, ob er ein Sklave oder Herr ist. Wichtig ist einzig und allein Christus, der in allen lebt.

Kolosser 3,9–11

Das Ziel

Die Aussage, der Nahe Osten könnte noch einmal ein Ort werden, an dem Juden, Muslime und Christen in Harmonie Seite an Seite leben, wie es die Propheten vorhersahen, strapaziert die Vorstellungskraft. Ich höre schon manche Leute sagen: *Ein schöner Traum, Tass – aber daraus kann im heutigen Klima einfach nichts werden. Völlig unrealistisch.*

Es würde bedeuten, dass man unter einem Mandat zusammenfindet – nicht einem Mandat des britischen Empire, der Vereinten Nationen oder der amerikanischen Vorherrschaft und nicht unter einem muslimischen Kalifat, sondern unter einem Mandat des Friedefürsten. Er ist der Einzige, der uns alle dazu aufrufen kann, uns über unsere ethnischen Identitäten und Kategorien, unsere Geschichten und Vorurteile zu erheben und uns gemeinsam mit unserer ganzen Kraft für den Nutzen aller einzusetzen.

Dann könnte man das sagen, was Gott in seinem letzten

Satz verkündete, den er zu Hesekiel sprach: «Von nun an soll die Stadt den Namen tragen: ‹Hier wohnt der Herr›» (Hesekiel 48,35).

Vielleicht finden Sie, das sei alles zu weit hergeholt. Ich nicht.

Kapitel 10
Der Geist des Friedens

Im dritten Kapitel dieses Buches haben wir uns eingehend mit dem Denken eines Terroristen beschäftigt. Wir haben gefragt: Was treibt diese Leute an? Warum tun sie so furchtbare Dinge? Wir haben sechs Motive aufgelistet (wobei klar war, dass es noch mehr geben kann und dass diese sechs sich auf jeden Fall auch überschneiden und gegenseitig verstärken können):

1. Verzweiflung über den gewaltsamen Tod eines Angehörigen durch feindliche Streitkräfte
2. Entschiedene Ablehnung eines entgegengesetzten Glaubens (Judentum oder Christentum)
3. Abscheu vor der moralischen Dekadenz der westlichen Gesellschaft
4. Verlust der Heimat
5. Überdruss angesichts der alltäglichen Diskriminierung und schlechten Behandlung durch die Machthaber
6. Die politische Unterstützung des Westens für das moderne Israel

Lassen Sie mich nun die entgegengesetzte Frage stellen: Was motiviert *einen Geist des Friedens?* Wie ist das Gehirn eines Menschen verdrahtet, der eher zu Harmonie und Versöhnung neigt als zu Feindseligkeit und Rache?

Wie Ihnen jeder Psychologe sagen wird, erreichen wir fast niemals etwas, was wir nicht zuvor in unseren Köpfen visualisiert haben. Unsere Worte und Hände (und unsere Waffen) folgen nur dem, was sich in unseren Gedanken abspielt. Zuerst denken wir; dann handeln wir.

Lassen Sie uns deshalb darüber reden, was wir denken und welche Werte wir annehmen müssen, um in dem heutigen brodelnden Kessel terroristischer Angriffe und Gegenangriffe den Frieden voranzubringen. Hier sind fünf wesentliche Elemente, die ich aus den Worten der Heiligen Schrift entnehme.

1. Die (gewiss riskante) Entscheidung, mehr auf göttliche Weisheit zu vertrauen als auf menschliche Argumente

Der Apostel Jakobus formulierte einen scharfen Gegensatz zwischen dem Denken unserer Welt und dem, was Gott empfiehlt:

Wo Neid und Streitsucht herrschen, da gerät alles in Unordnung; da wird jeder Gemeinheit Tür und Tor geöffnet.

Die Weisheit aber, die von Gott kommt, ist vor allem aufrichtig; außerdem *sucht sie den Frieden,* sie ist freundlich, bereit nachzugeben und lässt sich etwas sagen. Sie hat Mitleid mit anderen und bewirkt Gutes; sie ist unparteiisch, ohne

Vorurteile und ohne alle Heuchelei. Nur wer selber Frieden schafft, wird die Gerechtigkeit ernten, die dort aufgeht, wo Frieden herrscht.

Jakobus 3,16–18

Wenn wir uns die Nachrichten anschauen, fällt es zugegebenermaßen schwer, diese Sätze für bare Münze zu nehmen. Der Impuls, gegen Gewalt und Brutalität zurückzuschlagen, ist stark. Es erfordert einen Akt des Glaubens, zu sagen, dass Gott es besser weiß, dass er für uns einen besseren Weg im Sinn hat.

Der Erfolg wird sich nicht sofort einstellen. Der Text verwendet eine Metapher aus dem Gartenbau, wenn er davon spricht, dass der Friede eine Saat ist, die *aufgehen* muss. Es geht nicht über Nacht, dass wir die «Gerechtigkeit ernten» können. Wir müssen erst warten, bis das Getreide reif ist. Aber wenn es soweit ist, ist das «Gute», das dadurch bewirkt wird, eine köstliche Frucht.

> Wenn wir «in Frieden säen», müssen wir warten, bis das Getreide reif ist. Das geht nicht über Nacht.

Eine unserer Erzieherinnen im Kindergarten von Seeds of Hope in Jericho, eine junge Schweizerin namens Regina Gasser, machte eines Nachmittags einen Besuch im Elternhaus eines der Kinder. Vom Fernseher in der Ecke dröhnten natürlich die Nachrichten von Al Jazeera durchs Haus und berichteten von den neuesten Gewaltausbrüchen. Für ein arabisches Kind ist es fast unmöglich, nicht zu hören und zu sehen, was in dieser Region los ist.

«Wenn ich groß bin», sagte der ältere Bruder unseres Kindergartenkindes, der in die dritte Klasse geht, stolz zu Regina, «werde ich Soldat.»

Sie wusste bereits, dass diese Familie Verwandte im Gazastreifen hat. «Nun», antwortete sie dem Jungen ruhig, «es gibt einen besseren Weg, mit alledem umzugehen. Ich sehe auch, was da alles passiert, genau wie du, und ich verstehe nicht, warum es so sein muss. Ich bin auch traurig. Es ist wirklich furchtbar.

Aber meine Waffe dagegen ist das Beten. Das ist etwas, was wir beide schon hier in Jericho tun können. Wir können dafür beten, dass unsere Verwandten geschützt werden und dass Gott *alle* Herzen bewegen und verändern wird. Eigentlich ist das das Allerbeste, was wir tun können.»

Während sie sprach, schaute Regina aus den Augenwinkeln hinüber zu den Eltern des Jungen. Sie hörten zu. Sie glaubte zu sehen, wie beide zustimmend nickten.

Bevor sie das Haus verließ, gab sie den Eltern noch den Rat, ein Kind in diesem Alter vielleicht nicht unbedingt die Nachrichten schauen zu lassen und lieber noch einmal einen Blick auf die Videospiele zu werfen, die der Junge spielte. Sie nahmen ihren Rat an. Und nach einiger Zeit bemerkten wir eine Veränderung in der Haltung des Jungen.

So etwas wie eine chemische Formel für «Sofortfrieden» gibt es nicht. Aber wenn wir Gott durch uns wirken lassen, können dauerhafte Veränderungen wachsen.

2. Das Eingeständnis, dass menschliche Stärke meistens nicht stark genug ist

Die schwerste Artillerie, das furchterregendste Arsenal muss doch wohl in der Lage sein, eine neue Weltordnung des Friedens herbeizuführen – tun sie aber nicht.

Während einer langen Phase meines Lebens als Freiheitskämpfer dachte ich, so würde es gehen: Wenn meine Kameraden und ich nur genügend heißes Blei in die Israelis hineinpumpten, würden sie sich verziehen und uns geben, was wir wollten. Aber es funktionierte nicht.

Immer, wenn mich jemand fragt, wie viele feindliche Soldaten ich in meiner Zeit als Heckenschütze bei der Fatah getötet habe, antworte ich: «Die Wahrheit ist, dass ich es nicht weiß; bei den großen Entfernungen, über die ich schoss, lässt sich das unmöglich sagen. Ich weiß nur, dass ich jedes einzelne dieser verlorenen Menschenleben zutiefst bedaure. Ich habe in zahlreichen israelischen Familien überwältigenden Kummer ausgelöst. Das ist mir ein schrecklicher Gedanke. Und die Ziele, für die ich kämpfte, habe ich trotzdem nicht erreicht.»

Als ich Jassir Arafat sechs Monate vor seinem Tod 2004 zum letzten Mal sah, sagte ich zu ihm: «Genug Blut ist vergossen worden. Genug Hass ist gesät worden. Genug ist genug! Kommen wir zum Frieden. Und dieser Friede kommt nur durch Jesus, den Christus.» Er musterte mich einige Sekunden lang und wechselte dann elegant das Thema.

Mit diesen Worten hoffte ich, die Worte Jesu widerhallen zu lassen, die er während seines Verhörs vor Pontius Pilatus sprach: «Mein Königreich gehört nicht zu dieser Welt. Wäre ich ein weltlicher Herrscher, dann hätten meine Leute für mich gekämpft, damit ich nicht in die Hände der Juden falle. Aber mein Reich ist von ganz anderer Art» (Johannes 18,36). Der römische Prokurator wusste – genau wie Arafat – mit dieser Mentalität nichts Rechtes anzufangen.

Seit ich vor vielen Jahren mein Leben der Gewalt hinter mir ließ, kommt es für mich nicht mehr infrage, gewaltsam auf irgendeinen gegen mich oder irgendjemand sonst gerichteten Akt zu reagieren. Ich kann nicht zu meiner alten Lebensweise zurück.

> Waffen können einen Menschen zwingen, seinen Körper zu bewegen, aber sein Denken können sie nicht verändern.

Der große Inder Mahatma Gandhi war zwar sein Leben lang Hindu, aber er las viel in den neutestamentlichen Evangelien und dachte über ihren Sinn nach. Von ihm ist oft das Zitat zu hören: «In einem System von ‹Auge um Auge, Zahn um Zahn› ist am Ende die ganze Welt blind und zahnlos.»

Waffen können einen Menschen zwingen, seinen Körper zu bewegen, aber sein Denken können sie nicht verändern. Die Neuausrichtung auf den Frieden vollzieht sich auf einer tieferen Ebene, zu der Gewehrkugeln nicht vordringen können.

3. Das Verlangen nach dem Lächeln Gottes

Es gibt ein Sehnen nach Gottes Lächeln. Oder nach seiner Seligkeit, um das Wort Jesu zu verwenden. Wissen Sie noch, was er damals vor langer Zeit zu der Menge auf dem Berghang sagte? «Selig sind die Friedfertigen, denn sie werden Gottes Kinder heißen» (Matthäus 5,9; Luther). Leute, die die harte Arbeit des Friedensstiftens auf sich nehmen, werden möglicherweise verspottet, kritisiert oder mit wenig schmeichelhaften Bezeichnungen bedacht («naiv», «idealistisch», «Gutmenschen», «ein Don Quijote, der gegen Windmühlen kämpft»). Aber Gott beobachtet ihre Bemühungen und freut sich darüber. Ja, er nennt sie seine Kinder. Sie tragen sein Bild in sich.

Clarence Jordan, ein Neutestamentler, bekannter Prediger und Schriftsteller und zugleich Gründer einer Gemeinschaft namens Koinonia im ländlichen Georgia, in der Menschen aller Hautfarben miteinander Landwirtschaft betreiben, sagt:

Es liegt im Wesen des Vaters, Frieden zu stiften. Er wird der Gott des Friedens genannt. Sein Sohn wurde Friedefürst genannt. Paulus sagt: «Er *ist* unser Friede.» Es scheint, als hätten die Engel bei der Geburt seines Sohnes das dringendste Verlangen Gottes zum Ausdruck gebracht: «… Friede auf Erden!»
Gott der Vater ist also ein Friedensstifter. Da ist es nur natürlich, dass kleine Friedensstifter, die sein Bild in sich tragen, «Gottes Kinder heißen werden». …

Aber was heißt Frieden stiften? Die ganze Bedeutung kennen wir nicht genau, aber eines können wir getrost sagen: «Es ist das, was Gott tut.» ...

Friedensstifter sind also die Agenten des Himmelreichs.[62]

Einer der Apostel des ersten Jahrhunderts, den wir sehr bewundern, war Barnabas. Die Apostelgeschichte berichtet davon, dass bald nachdem ein feuriger Glaubenswächter (Terrorist?) namens Saulus sich zu Christus bekehrt hatte, dieser Mann in Jerusalem eintraf und versuchte,

... sich zu den Jüngern zu halten; doch sie fürchteten sich alle vor ihm und glaubten nicht, dass er ein Jünger wäre. Barnabas aber nahm ihn zu sich und führte ihn zu den Aposteln und erzählte ihnen, wie Saulus auf dem Wege den Herrn gesehen und dass der mit ihm geredet und wie er in Damaskus im Namen Jesu frei und offen gepredigt hätte. Und er ging bei ihnen in Jerusalem ein und aus und predigte im Namen des Herrn frei und offen.

Apostelgeschichte 9,26–28; Luther

Die freundlichen Worte eines friedfertigen Mannes beschwichtigten die Ängste vieler und bahnten Saulus (Paulus) von da an den Weg zu einem gedeihlichen Dienst.

4. Die Lust an persönlicher Freude

Dies ist vermutlich nicht die wichtigste Motivation für den Geist des Friedens, aber ein reales Motiv ist es nach Sprüche 12,20 dennoch – «Wer Böses ausheckt, betrügt sich selbst um das Beste; *denn Freude erfährt nur, wer sich für Frieden einsetzt».*

Kaum etwas ist lohnender im Leben, als zwei Parteien, die gegeneinander gekämpft haben, Versöhnung zu bringen. Wenn Missverständnisse geklärt werden, wenn Mauern fallen, wenn Kommunikationskanäle sich öffnen, nachdem sie jahrelang blockiert waren, dann kann man sich eines warmen, befriedigenden Gefühls im Innern nicht erwehren.

> Kaum etwas ist lohnender im Leben, als zwei Parteien, die gegeneinander gekämpft haben, Versöhnung zu bringen.

5. Die Erkenntnis, dass Friede mehr ist als nur eine schöne Theorie; er ist unsere Berufung

Frieden stiften ist unser Auftrag in der Welt. Es ist der Job, der uns als Nachfolgern Christi gegeben wurde.

Wie sonst können wir die Worte aus Kolosser 3,15 interpretieren? «Und der Friede des Christus regiere in euren Herzen, zu dem ihr auch berufen worden seid in einem Leib! Und seid dankbar!» (Elberfelder). Ein menschlicher Geist, der mit dem Frieden Christi erfüllt ist, hat dadurch die Ausrüstung, in einer streitsüchtigen Welt Frieden auszubreiten. Menschen, die ihr Leben lang gekämpft haben und vom Groll gegen ihre Gegner erfüllt waren, können so zu einem ganz neuen Verständnis vom Sinn des Lebens geführt werden. Diese Arbeit ist unsere Berufung, die unser Erlöser uns aufgetragen hat.

Ich erinnere mich, wie eines Tages ein guter muslimischer Freund nach Gaza kam, um uns zu Hause zu besuchen. Kurz zuvor war er wegen seiner Verbindung zu uns und unserer Arbeit mitten in der Nacht von der Hamas aus dem Bett gezerrt und stundenlang mit Drohungen eingeschüchtert worden. Jetzt machte er seinen Kofferraum auf, und darin lag eine AK-47-Maschinenpistole. «Die werdet ihr brauchen», sagte er.

«Nein», erwiderte ich. Zufällig hatte ich gerade meine Bibel in der Hand, und ich hielt sie hoch. «Das hier ist meine Waffe. Ich nehme keine Schusswaffe mehr in die Hand.»

Er konnte es nicht fassen. Karen beobachtete uns durchs Fenster. Er warf einen Blick zu ihr hinüber und sagte: «Na gut – aber was ist mit deiner Frau? Du musst sie beschützen.»

«Nein; mein Gott ist groß genug, um sich um uns beide zu kümmern», antwortete ich. Er dachte, ich wäre ein Träumer.

Die Erinnerung an dieses Gespräch schlummerte fast ein Jahrzehnt lang – so dachte ich zumindest. Manchmal entwickeln sich die Dinge so: Wir legen einen Samen, und später finden wir heraus, dass Gott daraus etwas hat «wachsen lassen» (1. Korinther 3,6). Dieser Mann musste immer wieder daran denken, wie ich die Waffe abgelehnt hatte, auch nachdem wir 2008 die Gegend verlassen hatten.

Dann kam im Sommer 2014 der kurze, aber heftige Krieg zwischen Israel und Gaza. Kurz danach fing mein Freund an, sich häufiger per SMS bei uns zu melden. Gelegentlich telefonierten wir sogar. Ich merkte, wie es in seinen Gedanken rumorte.

Eines Tages bekam ich eine überraschende SMS. Auf Englisch (seine zweite Sprache) schrieb er: «Ich muss mit dir reden. Ich glaube Jesus.»

Was sollte *das* denn heißen? Ich vermutete, es bedeutete, dass er über einige Aussprüche von Jesus nachgedacht hatte und beeindruckt von ihrer Weisheit war. Aber warum schrieb er mir das in einer SMS, die leicht von der Hamas abgefangen werden konnte?

Ich schrieb zurück und bat ihn um eine Erklärung.

Er wiederholte nur: «Ich glaube Jesus. Weißt du, was ich meine?»

«Seit wann?», textete ich zurück.

«Wenn wir uns treffen, erkläre ich es dir.» Mehr schrieb er nicht.

Ein paar Monate später bekam er die Erlaubnis, den Gazastreifen kurzzeitig zu verlassen, um seinen heranwachsenden Sohn zu einem Augenfacharzt am St. John's Hospital in Jerusalem zu bringen. Ich sagte ein paar Termine ab, um ihn dort treffen zu können. Es war eine Freude, ihn wiederzusehen. Wir begrüßten uns mit einer Umarmung und setzten uns in ein Restaurant, um zu reden. Er kam auf unsere Gespräche zurück, die wir vor Jahren geführt hatten. «Die ganze Zeit hast du immer über Jesus in deinem Leben gesprochen», sagte er, «und darüber, dass du so einen Frieden in dir hattest und sogar deine Feinde lieben konntest ... und ich dachte immer, das wäre Unsinn. Du warst nicht realistisch. Aber jetzt – seit diesem letzten Krieg – wird mir klar, was du gemeint hast. Trotz allem, was die Juden uns angetan haben, trotz all meiner Leute, die gestorben sind ... kann ich sie einfach nicht mehr hassen.

Vor allem bin ich frustriert über unsere palästinensischen Führer. Ich bin frustriert darüber, dass sie uns in diese schreckliche Lage gebracht haben.»

Nach einiger Zeit bewegte sich das Gespräch von der Politik weg zu geistlichen Dingen. Er wurde sehr emotional. «Ich möchte an Jesus glauben», sagte er. «Was muss ich machen?»

«Das erkläre ich dir gern», sagte ich. «Aber vorher möchte ich, dass du dir klarmachst, dass dir das ein Opfer abverlangen könnte. Es werden nicht alle erfreut darauf reagieren, wenn du Jesus dein Vertrauen schenkst. Ist dir das klar?»

«Oh ja», erwiderte er. «Mir ist völlig bewusst, was mich das kostet.»

Daraufhin stellte ich ihm das «Sündergebet» vor, wie es häufig genannt wird – ein Gebet, mit dem wir vor Gott eingestehen, dass wir unser Leben lang Unrecht getan haben, dass wir aufrichtig Buße tun wollen und dass wir Jesus Christus als den Einzigen annehmen, der uns aus unserer misslichen Lage befreien kann. «Möchtest du dieses Gebet mit mir sprechen?», fragte ich.

«Ja, das will ich.»

Und so wurde dieser hochgebildete Mann unter vielen Tränen ein Mitglied der Familie Gottes.

Am nächsten Tag, nachdem sein Sohn seinen Arztbesuch hinter sich hatte, trafen wir uns wieder zum Mittagessen. Danach mussten sie sofort zurück nach Gaza. Wir umarmten uns lange zum Abschied. Ich versprach ihm, mit ihm in Verbindung zu bleiben, soweit es unter den Umständen möglich war.

Wenn wir den göttlichen Frieden in unseren Geist hineinströmen lassen, ungeachtet der äußeren Umstände, und dann diesen Frieden zu anderen ausstrahlen lassen, wann immer sich die Gelegenheit ergibt – das ist eine der großen Freuden des Lebens. Das ist es, was Gott von seinen Kindern möchte. Meistens ist das kein einfacher Prozess, der mit einem Schritt erledigt ist (wie die folgenden Kapitel zeigen werden). Und die Ergebnisse sind nicht immer sofort zu sehen. Wir müssen geduldig bleiben und darauf vertrauen, dass Gott die Samen, die wir legen, bewässern und zu seiner Zeit seine Ernte hervorbringen wird.

Kapitel 11
Das Recht, gehört zu werden

Der erste Schritt, um den Geist des Friedens weiterzugeben, ist natürlich, sich Gehör zu verschaffen, wie bescheiden der Rahmen auch sein mag. Das war Karen und mir deutlich bewusst, als wir Ende 2007 in Jericho ankamen, um einen Seeds-of-Hope-Kindergarten zu gründen. Wir wussten, dass wir keine Plattform oder Glaubwürdigkeit bei den 18.000 Einwohnern dieser Stadt hatten – von denen mindestens 98 Prozent Muslime sind.

Wir konnten nur durch die Straßen gehen und einfach beten. Wir waren auf der Suche nach einem geeigneten Gebäude für unseren Kindergarten. Eine Wohnung mieteten wir uns bei der Familie Ghanem, die ein Restaurant an der Hauptstraße betrieb und mehrere Grundstücke besaß. Ihr jüngster Sohn Khader war ein aufstrebender Unternehmer, der eine eigene Elektronikfirma aufgemacht hatte und Satellitenschüsseln und Alarmanlagen in Häusern installierte. Er kannte sich auch in der Baubranche aus.

Wir fanden ein vierstöckiges Gebäude in der Nähe eines großen Flüchtlingslagers.[63] (Wenn ich «Flüchtlingslager» sage, stellen Sie sich bitte kein Pfadfinderzeltlager im Wald vor. Die Zelte – so wie das, in dem ich geboren wurde – sind inzwischen längst verschwunden. Sie wurden zunächst durch Lehmziegelhütten und in jüngerer Zeit zumindest teilweise durch solide, aus Stein und Holz gebaute Häuser ersetzt. Doch das Gebiet wird immer noch ein «Lager» genannt und gilt als armes Stadtviertel, was es auch ist.)

An dem Gebäude, das wir anmieteten, war eine Menge zu machen. Deshalb beauftragte ich Khader, die Renovierung zu beaufsichtigen. Ich mochte diesen jungen Mann, und er schien fasziniert von unserem Vorhaben zu sein. Immer wieder sagte ich ihm: «Alles, was wir tun, dient dazu, Gott zu verherrlichen. Wir sind hier, um für die Familien und ihre Kinder ein Segen zu sein – das ist alles.» Und er fing an, sich für dieses Konzept zu erwärmen.

«Ich komme hier in eine Menge Häuser, um elektronische Anlagen zu installieren», sagte er eines Tages. «Ich kriege mit, was für einen Alltag diese Kinder wirklich haben. Euer Kindergarten, das hört sich an wie etwas, das ihnen richtig gut tun wird.»

Wie sich herausstellte, brauchten wir dringend jeden Freund, den wir finden konnten, denn die Neuigkeiten über unsere Pläne verbreiteten sich rasch – und sie fanden nicht überall ein positives Echo. Der Imam der größten Moschee von Jericho recherchierte ein wenig herum und begann sogleich, mich beim Freitagsgebet von der Kanzel zu denunzieren. «Dieser Taysir Abu Saada, der in unsere Stadt gekommen ist – er ist nicht nur ein einfacher Verräter, sondern gleich ein zweifacher. Zuerst hat er dem Islam den Rücken gekehrt und ist Christ geworden. Und Israel ist ihm lieber als sein eigenes Volk, die Palästinenser! Haltet euch von ihm fern!»

Die Polizei der Palästinensischen Autonomiebehörde war

ebenfalls argwöhnisch, was daran lag, dass eine amerikanische Missionsorganisation in Jericho bereits offen evangelisiert, Bibeln und Flugblätter verteilt und die Leute zur Bekehrung aufgerufen hatte. Die Leiterin war eine Frau, die mit Vornamen Karen hieß – genauso wie meine Frau. Es hatte ein paar Bombenanschläge gegen ihre Arbeit gegeben, da es in der Westbank verboten ist, direkt für einen Religionswechsel zu werben.

Immer wieder bestellte die Polizei mich ein, um mich zu befragen. «Wer ist diese Karen?», wollten sie wissen.

Schließlich brachte ich ihnen eine Kopie des Reisepasses meiner Frau mit. «Schauen Sie sich dieses Bild an», sagte ich zu den Beamten. «Das ist meine Frau. Jetzt vergleichen Sie das mit dem Bild auf dem Flugblatt. Finden Sie, sie sehen sich ähnlich?»

Er lächelte. «Nun ja, ich wollte Sie einfach kennenlernen», sagte er etwas hilflos.

Bei einem anderen Verhör fragten sie mich immer wieder: «Was machen Sie hier? Warum sind Sie in unsere Stadt gekommen?»

«Ich bin nur hier, um den Leuten, den Kindern zu helfen», antwortete ich.

«Wie lautet Ihr vollständiger Name?»

«Taysir Said Abu Saada.»

«Wie lauten die vollständigen Namen Ihrer Frau, Ihres Sohnes, Ihrer Tochter?»

Jetzt hatte ich genug. «Hören Sie», erwiderte ich, «Sie stellen mir unentwegt immer wieder dieselben Fragen. Ich werde die US-Botschaft anrufen und darum bitten, dass bei diesen Vernehmungen ein Vertreter hier bei mir sitzt. Diese ganzen Verhöre sind völlig überflüssig.»

«Oh, nun ja, nein – das brauchen Sie nicht zu tun», sagte der Beamte rasch. Und er fing vor meinen Augen an, die Blätter zu zerreißen, auf denen er sich Notizen gemacht hatte, und sie in den Papierkorb zu werfen!

«Warum machen Sie so etwas?», fragte ich. «Sie wissen doch, dass ich Amerikaner bin und Sie kein Recht haben, mich so zu schikanieren.»

Ein schwieriger Imam

Ich wusste jedoch, dass ich dem Imam nicht so aufmüpfig kommen durfte. Deshalb schickte ich Khader hin, um mit ihm zu reden. Unsere große Eröffnung des Kindergartens rückte näher, und ich wollte diese führende Persönlichkeit der Stadt einladen, daran teilzunehmen.

Khader hatte sich kaum hingesetzt, da fing der Imam schon an, ihm einen Vortrag zu halten. «Hören Sie, junger Mann, ich weiß alles über diesen Taysir Abu Saada. Er ist ein zweifacher Verräter. Er ist vom Islam zum Christentum übergetreten. Und außerdem setzt er sich mehr für Israel ein als für sein eigenes Volk!»

Khader ist zwar jung, aber er ist ziemlich schlau. «Eure Exzellenz», erwiderte er in ruhigem Ton. «Ich bin nicht der Chef; ich bin nur ein bezahlter Helfer. Wenn er mir sagt, dass ich etwas tun soll, dann tue ich es. Sie haben davon gesprochen, was Sie über ihn wissen. Nun, er weiß auch etwas über Sie – dass Sie nämlich ein wunderbares Hilfswerk für Behinderte haben.

Er hat mich beauftragt, hierher zu kommen und Sie zu unserer großen Eröffnungsfeier einzuladen – und Ihnen zu sagen, dass er Ihnen und Ihrem Hilfswerk ein Geschenk überreichen möchte: fünfundzwanzig Rollstühle.» (Die Rollstühle hatten wir zu einem guten Preis in Ägypten bestellt.)

Der Imam war verblüfft. «Taysir Abu Saada will mir Rollstühle schenken? Nach allem, was ich über ihn gesagt habe?»

Khader erwiderte: «Nun, was Sie über ihn denken und sagen, macht für uns keinen Unterschied. Er glaubt, dass der Herr will, dass er das für Sie tut.»

«Der Herr wird euch fünfundzwanzig Rollstühle für meine Arbeit schenken?», fragte er noch einmal ungläubig.

«Ja.»

Der Imam überlegte einen Moment lang und sagte dann: «Ich komme zur Eröffnung.»

Und das tat er auch. Im Lauf der Jahre hat er sich als einer der besten Freunde erwiesen, die Seeds of Hope hat.

Hilfe für eine Witwe in Not

Einen ähnlichen Gesinnungswechsel gab es, als unser Buchhalter eines Tages erwähnte, sein Mufti (ein hochstehender muslimischer Geistlicher) wolle eine Witwe mit sechs Kindern unterstützen, die in der Nähe seines Büros in Ramallah wohnte.

«Wenn Sie mit dazu beitragen könnten», sagte mir mein Buchhalter, «dann wäre das sehr gut.»

Wir machten also einen Termin und fuhren ungefähr eine Stunde hinauf nach Ramallah, um Nachforschungen anzustellen. Ich nahm einen Polier vom Bau mit. Wie sich zeigte, war das Haus der Witwe wirklich in einem schrecklichen Zustand – es gab nur einen einzigen Raum für sie und alle ihre Kinder. Die äußere Steinmauer war an etlichen Stellen eingebrochen.

«Was würde es kosten, hier noch ein Zimmer anzubauen, die Wand zu reparieren und das Haus insgesamt wieder in Schuss zu bringen?», fragte ich den Polier.

Etwa 12.000 Dollar, schätzte er.

Daraufhin gingen wir zum Mufti. Er begrüßte uns, und der Buchhalter erklärte ihm, wie es zu unserer Mission gekommen war. Ich fügte hinzu: «Es ist mir eine Ehre, Ihnen bei der Situation dieser Witwe behilflich zu sein, denn solche Dinge sind mit das wichtigste Gebot, das Christus uns gegeben hat.»

Er starrte mich an. «So etwas tun Christen?», fragte er.

«Ja, natürlich. Wir waren gerade bei ihr, um die Kosten zu schätzen. Wir sind gern bereit, ein Zimmer anzubauen, die Wand zu reparieren und auch das Gelände ein wenig zu bearbeiten.»

«Wirklich? Dafür wäre ich Ihnen sehr dankbar», erwiderte er.

Dann sagte ich: «Es überrascht mich, dass Sie nichts von der christlichen Berufung wussten, Witwen und Waisen zu helfen. Haben Sie nie die Bibel gelesen?»

«Nein, nie», erwiderte er.

«Möchten Sie gern ein Exemplar haben?»

Mit aller Offenheit antwortete der Mufti: «Oh ja, ich hätte sehr gerne eines.»

Also ließen wir ihm eine sehr schöne Bibel schicken. Sie hatte sogar einen Perlmuttumschlag.

Bevor ich ging, lud ich ihn noch zu unserer großen Eröffnung in Jericho ein. Ich rechnete nicht damit, dass er sich die Zeit für den Besuch nehmen würde. Aber er kam!

Und so saß ich, als der große Tag kam, zwischen dem örtlichen Imam auf der einen und dem Großmufti der Westbank auf der anderen Seite. Unsere christlichen Freunde und Spender, die zur Feier des Tages aus Amerika gekommen waren, trauten ihren Augen nicht.

Kommst du mit?

Zu dieser Zeit hatte ich die juristischen Formalitäten für die Einrichtung eines öffentlichen Kindergartens bereits durchgearbeitet. Während der Registrierung beim palästinensischen Bildungsministerium in Ramallah kam mir der Gedanke, es wäre klug, wenn auf den Formularen der Name eines palästinensischen Bürgers stünde. In meinem Pass stand «USA». Also trat ich dort im Büro zur Seite, rief Khader an und fragte ihn, ob er bereit wäre, uns bei den Behörden zu repräsentieren. Er sagte Ja.

Bald darauf beschloss er, seine Elektronikfirma zu schließen und vollzeitlich zu Seeds of Hope zu kommen. (Heute ist er unser Vizepräsident und Betriebsleiter und leitet den gesamten Ablauf in der Westbank vorbildlich.) Er engagierte sich stark dafür, den neuen Kindergarten rund um Jericho bekannt zu machen. Da seine Familie in der Stadt einen guten Ruf genoss, hörten die Leute ihm zu.

Doch am Eröffnungstag im September 2009 kamen nur neun Kinder, obwohl sich zweiunddreißig angemeldet hatten. Wir hatten das Gebäude umgebaut, so dass es Platz für bis zu fünfundsiebzig Kinder bot. Die Enttäuschung war groß. Die Mitarbeiter, die wir eingestellt hatten, standen herum und wussten nicht, was sie tun sollten.

«Da stimmt etwas nicht», sagte Khader zu mir. «Ich muss herausfinden, warum so viele Familien einen Rückzieher gemacht haben.»

Er ging los, um Erkundigungen einzuholen, und bekam eine Ausrede nach der anderen zu hören. Manche sagten, sie könnten sich den Kostenbeitrag doch nicht leisten, obwohl es nur ein bescheidener Betrag war. Manche sagten, die hätten Probleme mit dem Transport. Andere sagten, sie hätten gehört, in unserem Gebäude stapelten sich die Bibeln vom Boden bis zur Decke.

Ich versuchte, ruhig zu bleiben, und rief mir in Erinnerung, was für ein Gegenwind uns damals entgegengeweht hatte, als wir 2006 in Gaza eröffnet hatten. Doch es fiel mir schwer, mir keine Sorgen zu machen, als im Büro Drohanrufe eingingen. Anonyme Stimmen redeten düster davon, das Gebäude womöglich eines Nachts in die Luft zu sprengen oder niederzubrennen.

Khader beschloss, einem der führenden Leute im Flüchtlings-lager, einem Metzger namens Abdullah, einen Besuch abzustat-ten. Sie kannten sich bereits, da der Mann in der Vergangenheit ein Kunde von Khader gewesen war.

Als er vor der Metzgerei des Mannes stand, rief Khader: «Ab-dullah! Kommst du bitte mal mit?»

Der Mann kam an die Tür. «Wohin gehen wir denn?», wollte er wissen.

Khader sagte es nicht. Er antwortete nur: «Komm einfach mit, es dauert nur zehn Minuten.»

«Ich habe zu viel zu tun», entgegnete Abdullah.

«Bitte – lass doch deinen Bruder eine Weile auf den Laden auf-passen. Komm bitte mit. Es ist eilig.»

Daraufhin stieg der Mann mitsamt seiner blutverschmierten Metzgerschürze zu Khader in den Wagen. Sie fuhren zur Schule. Khader führte ihn herum und zeigte ihm einen Gruppenraum nach dem anderen. Er zeigte ihm den Spielplatz. Er wies ihn auf die farbenfrohen Wandmalereien hin. Und natürlich waren nirgendwo gestapelte Kartons mit Bibeln zu sehen, wie die Ge-rüchte behauptet hatten.

«Siehst du, Abdullah – das hier ist *mein* Projekt», sagte Khader.

Dann stellte er mir den Mann vor. Wir kamen in ein freundli-ches Gespräch. Ich ging mit ihm nach unten, damit er Karen kennenlernte. Als ich die Tür zum Büro öffnete, war sie etwas überrumpelt, als sie einen fremden Mann in einer blutigen Schürze vor sich sah! Aber ich sagte rasch: «Abdullah, *das* ist meine Frau Karen.»

«Ah – okay», erwiderte er. «Das ist eine andere Karen als die, die in unserem Lager Ärger gemacht hat.»

Khader fasste dann zusammen: «Wir gründen hier einen Kindergarten. Es geht nicht darum, ob du damit einverstanden bist oder nicht. Aber du sollst wissen, was wir für die Kinder tun. Nun geh und erzähl das dem ganzen Lager. Wenn jemand nicht überzeugt ist, soll er sich bei mir melden. Ich führe ihn genauso herum wie dich.»

Abdullah holte tief Luft und sagte dann: «Okay, ich habe verstanden. Ich verspreche euch, von jetzt an werdet ihr nichts Schlechtes mehr von meinen Leuten hören. Wenn doch, kommt gleich zu mir; ich übernehme die Verantwortung.»

Später war der Mann so ehrenhaft, ein Treffen für Khader und mich mit allen führenden Leuten des Lagers zu organisieren. Es ging außerordentlich gut.

Es ist manchmal harte Arbeit, sich Freunde zu machen. Aber es ist allemal besser als die Alternative.

Und so saß ich, als der große Tag kam, zwischen dem örtlichen Imam auf der einen und dem Großmufti der Westbank auf der anderen Seite. Unsere christlichen Freunde und Spender, die zur Feier des Tages aus Amerika gekommen waren, trauten ihren Augen nicht.

Kapitel 12

Was Sie tun können, um den Terrorismus zu neutralisieren

Wenn Sie diese Überschrift lesen, kommen Ihnen vielleicht als erstes Gedanken wie: *Wer, ich? So ein Quatsch! Ich lebe Lichtjahre weit entfernt von den Brutstätten des Terrorismus im Nahen Osten. Und ich spreche noch nicht einmal Arabisch.*

Doch bevor Sie sich aus der Diskussion verabschieden, denken Sie einmal einen Augenblick über die Muslime in Ihrer Nähe nach. Die sind vielleicht keine Terroristen – aber sie sind Teil der *umma* (der weltweiten Gemeinschaft der Muslime), und wahrscheinlich haben sie Onkel, Tanten, Cousins, Großeltern und andere Verwandte im Nahen Osten. Sie stehen per E-Mail und Facebook miteinander in Verbindung; sie verfolgen genau die Schlagzeilen. Für ihre Angehörigen «zu Hause» sind Ihre Nachbarn die Erfolgreichen, die es irgendwie in den Westen geschafft und ein besseres Leben gefunden haben.

Die Vereinigten Staaten haben gegenwärtig zwischen fünf und sieben Millionen muslimische Einwohner. Großbritannien, dessen Fläche nur einen Bruchteil so groß ist wie die der USA, ist die Heimat von fast drei Millionen – und weitere drängen auf der Flucht vor dem Grauen des Krieges ins Land. In Kanada lebt eine weitere Million; in Australien eine halbe Million. Fast jedes andere westliche Land hat ebenfalls muslimische Bevölkerungsanteile. Mit anderen Worten, Muslime leben nicht nur in Bagdad und Beirut, sie sind genauso in Birmingham, Baltimore, Boise, Brisbane und Berlin zu finden.

> Sie brauchen gar nicht aus Ihrer Umgebung heraus, um Muslime mit der Gnade und dem Frieden Christi zu erreichen. Gott hat sie an Ihre Türschwelle gebracht.

Bestimmt haben Sie schon von den «Six Degrees of Separation» gehört, wie die Soziologen es nennen. Diese Theorie besagt, dass jeder Mensch auf diesem Planeten nicht mehr als sechs Stufen von jedem beliebigen anderen Menschen entfernt ist: Jeder kennt jemanden, der jemanden kennt, der jemanden kennt … Es ist nicht zu weit hergeholt, zu sagen, dass der vollkommen friedliche und hart arbeitende Muslim aus Ihrer Straße oder im Büro neben Ihnen auf der Arbeit «ein Freund von einem Freund von einem Freund von» einem hartgesottenen radikalen Extremisten in Syrien oder Somalia ist. An diesen Extremisten kommen Sie nicht direkt heran – aber das Leben Ihres Kollegen, Kommilitonen oder Nachbarn können Sie beeinflussen. Und wer weiß, welche Kreise das ziehen mag?

Sie brauchen gar nicht aus Ihrer Umgebung heraus, um Muslime mit der Gnade und dem Frieden Christi zu erreichen. Gott hat sie an Ihre Türschwelle gebracht. Es ist, als ob Gott sagte: «Hier – lass mich es dir ein wenig leichter machen.»

Mit Liebe vorangehen

Um Christen im Westen zu helfen, ihren Weg zu finden, hat unsere Organisation einen zwölfwöchigen Kurs namens «Lead with Love: Reaching Your Muslim Neighbors» (Mit Liebe vorangehen: So erreichen Sie Ihre muslimischen Nachbarn) entwickelt. Gemeinden und andere Sponsoren setzen diesen Kurs ein, um falsche Vorstellungen aufzubrechen, Ängste zu lindern und zu zeigen, wie man mit Muslimen ins Gespräch kommt und wie man das Licht des Evangeliums einbezieht.[64]

Vieles von dem, was ich in diesem Kapitel weitergebe, verdanke ich meiner Frau Karen, unserer Tochter Farah und unserer Schwiegertochter Addie. Von unserem Büro in Kansas City aus haben sie das zusammengestellt, was wir im letzten Jahrzehnt unserer Arbeit im Nahen Osten gelernt haben, um Leuten im Westen zu helfen, das Denken und die Kultur des Islam zu verstehen.

Der Kurs hält sich nicht lange mit den Verwicklungen islamischer Geschichte, den Einzelheiten der Konflikte durch die Jahrhunderte oder mit politischen Theorien auf. Er konzentriert sich vielmehr pragmatisch auf die Gegenwart. «Man muss kein Islamexperte sein, um sich mit einem Muslim zu unterhalten», sagt Farah. «Wir haben denselben Alltag. Sie sind hergekommen, um bessere Lebensmöglichkeiten zu haben – genau wie unsere Urgroßeltern hier in Amerika auch. Also lasst uns aus unseren Häusern herauskommen und sie willkommen heißen. Wie sonst sollen sie sich in diese Gesellschaft integrieren? Wie sonst sollen sie zu lebendigen, atmenden Bürgern werden, denen Demokratie und Freiheit am Herzen liegen?»

Sie weist auf einen seltsamen Riss hin, der sich allzu oft zeigt. «Leute sagen sich: *Ich kann nicht zu meinem muslimischen Nachbarn gehen und mich mit ihm unterhalten, weil er mich nicht eingeladen hat.* Inzwischen sitzt der Muslim nebenan in seinem Haus und sagt: *Mein Nachbar kann mich bestimmt nicht leiden, denn er ist nicht vorbeigekommen, um Hallo zu sagen.* Sie sind wie Schiffe, die in der Nacht aneinander vorbeifahren.»

Erster Schritt: Treten Sie Ihren Vorurteilen entgegen

Bevor Sie jedoch etwas sagen, ist es notwendig, ehrlich unter die Lupe zu nehmen, was sich bereits in Ihrem Kopf befindet. Die modernen Medien (und sozialen Medien) vermitteln gewisse Klischeevorstellungen, die oft nicht zutreffen und herabsetzend sind. Kein Wunder, dass eine Umfrage von Zogby Analytics 2014 ergab, dass 45 Prozent der Amerikaner eine schlechte Meinung über Muslime hatten.[65]

Stellen Sie sich die Frage: Wenn Sie eine muslimische Frau sehen, die mit einem *hidschab* Kopf und Schulter verdeckt und vielleicht auch eine Abaya trägt, ein Gewand, das bis hinab zu den Schuhen reicht, wie reagieren Sie spontan darauf? Was geht Ihnen durch den Kopf? Sehen Sie diese Frau als eine sehr merkwürdige Person? Als jemanden, der sich weigert, sich der westlichen Mode anzupassen? Als jemanden, der Sie und Ihre Lebensweise wahrscheinlich hasst? Der vielleicht sogar gefährlich ist?

Oder sehen Sie jemanden, der einfach eine Mutter ist? Vielleicht ist sie eine junge Frau, die auf der Suche nach einer sicheren Umgebung, nach besseren Lebenschancen hierhergekommen ist. Vielleicht ist sie auch überhaupt nicht hierher*gekommen,* sondern hier geboren und aufgewachsen. Vielleicht ist sie eine fromme praktizierende Muslima, vielleicht aber auch nicht; ihre Kleidung ist vielleicht nur Teil ihrer Kultur.

Wenn Sie eine muslimische Frau sehen, die mit einem *hidschab* Kopf und Schulter verdeckt, wie reagieren Sie spontan darauf?

Von außen sieht man nicht, wie standhaft ein Muslim ist. Es gibt keine sichtbaren Anzeichen. Stattdessen werden Sie ein Gespräch anfangen müssen, um die Wertvorstellungen dieser Person besser zu verstehen.

Es dauert seine Zeit, aufzugeben, was man bisher immer für wahr gehalten hat. (Und natürlich haben Muslime im Westen genauso viele Klischeevorstellungen von Ihnen wie umgekehrt.) Jeder Muslim, den Sie sehen, ist ein Individuum mit persönlichen Überzeugungen, Wertvorstellungen und Vorlieben.

Hüten Sie sich vor der Haltung, die der langjährige Missionsleiter Floyd McClung in seinem Vorwort zu dem vorzüglichen Buch *Muslims, Christians, and Jesus* beschreibt:

Manche Leute glauben, einen Feind zu brauchen. Wir wissen gern, wer die Bösen sind. Viele Amerikaner sind mit schlichtsinnigen Western-Filmen aufgewachsen. Die Schurken waren für jedermann an ihren schwarzen Hüten zu erkennen. Lange Zeit waren die Kommunisten die mit den schwarzen Hüten, besonders die Russen. Seit die Russen nicht mehr dieselbe Bedrohung darstellen wie einst, musste ein neuer Feind her.

Muslimische Terroristen traten gerade rechtzeitig auf den Plan, um manche von uns mit einer neuen Art von Schurken zu versorgen, die sie fürchten und hassen und bekämpfen können. Natürlich gibt es echte Schurken ... [aber] das Problem ... ist, dass wir dazu neigen, alle Muslime über einen Kamm zu scheren und in dieselbe Schublade stecken. Wenn wir anderen Klischees überstülpen, sehen wir sie nicht als Menschen – wir sehen nur Bilder von Menschen. Die Wahrheit ist, dass Muslime Mütter und Väter, Fußballspieler und Unternehmer und junge Frauen in Hochzeitskleidern sind. Mit anderen Worten, sie sind ganz normale Leute wie wir alle. Leute, die Gott liebt.[66]

Dass wir uns mit unseren Vorurteilen auseinandersetzen, ist schon deshalb wichtig, weil unsere Kinder und Enkelkinder uns still beobachten. Sie sind das ganze Gerede der Erwachsenen leid, mit dem der Islam verteufelt wird, ohne dass jemand aktiv wird und etwas Hilfreiches unternimmt. Sie hören die ältere Generation über «das Islamproblem» streiten und schwadronieren, ohne dass irgendetwas sich ändert.

Unsere Kinder und Enkelkinder sind das ganze Gerede der Erwachsenen leid, mit dem der Islam verteufelt wird, ohne dass jemand aktiv wird und etwas Hilfreiches unternimmt.

Dazu sagt mein Sohn Benali Abu Saada, der Lobpreispastor in einer großen Gemeinde in Kansas City ist: «Junge Leute von heute wollen eine Sache, für die sie sich einsetzen können. Sie wollen mehr tun als nur ein behagliches amerikanisches Leben führen. Sie sind frustriert über die Apathie, die sie allenthalben umgibt. Sie wollen nicht mehr nur reden. Deshalb machen sich manche von ihnen sogar aus dem Staub und versuchen, sich dem IS anzuschließen. Das hört sich wenigstens aufregend an. Nicht so wie noch mehr blablabla.»

Eltern und andere Angehörige sind natürlich entsetzt, wenn sie so eine Überraschung erleben. Aber die Gedanken in den Köpfen sind nachvollziehbar. Das erste Gegenmittel dagegen besteht darin, unsere Klischees zu überprüfen und die Zerrbilder darunter ehrlich zu benennen.

Zweiter Schritt: Tun Sie das nicht!

Bevor wir uns mit praktischen Möglichkeiten beschäftigen, Beziehungen zu den Muslimen in Ihrer Nähe aufzubauen, lassen Sie uns kurz ein paar Dinge betrachten, die wir unbedingt vermeiden sollten.

Der wichtigste Punkt ist: *Debattieren Sie nicht.* Viele Muslime kommen aus Kulturen, in denen Argumente und Debatten nicht die vorrangigen Wege sind, um die Wahrheit zu ermitteln. Sie können das Wortgefecht gewinnen, das Herz des Muslims dabei aber verlieren.

> Debattieren Sie nicht. Sie können das Wortgefecht gewinnen, das Herz des Muslims dabei aber verlieren.

Allzu oft halten Christen es für die beste Strategie, sich mit Argumenten gegen den Islam auszustaffieren, zum Beispiel: *Jesus hat ganz klar gesagt: «Ich bin der Weg, die Wahrheit und das Leben! Niemand kommt zum Vater als durch mich!»* Oder: *Wusstest du, dass Mohammed zwölf verschiedene Frauen hatte und eine davon heiratete, als sie erst sechs Jahre alt war?!!!* Solche Aussagen stimmen zwar, aber sie tragen nichts dazu bei, um miteinander in ein echtes Gespräch zu kommen. Sie lösen lediglich Gegenwehr und Feindseligkeit aus.

Wenn Sie erst einmal über «Bibel versus Koran» oder «Christentum versus Islam» debattieren, wird sich das Gespräch nur im Kreis drehen und zu nichts Gutem führen.

Reden Sie niemals abfällig über den Propheten (Mohammed) oder den Koran. Wenn Sie diese beleidigen, beleidigen Sie damit die Person, die Sie vor sich haben. Ihre Beziehung wird im selben Moment ersticken. (Viele Muslime im Westen haben in Wirklichkeit den Koran nie selbst gelesen, da sie sein klassisches Arabisch nicht gut beherrschen. Es gibt zwar Übersetzungen, aber die gelten nicht als maßgeblich. Es kann sein, dass ein Muslim überhaupt noch nie ein Exemplar seines heiligen Buches gesehen hat, sondern sich stattdessen nach dem richtet, was die Imame ihn lehren.)

Carl Medearis, der zwölf Jahre im Libanon gelebt und erfolgreich gearbeitet hat, erzählt eine faszinierende Geschichte darüber, wie man Streit vermeiden kann. Er schreibt:

Vor einigen Jahren traf ich mich in einer Wohnung in der Innenstadt von Beirut mit einer Gruppe muslimischer Geschäftsleute und Politiker. Wir führten gerade eine lebhafte Diskussion über Jesus im Lukasevangelium, als ein Freund der anderen hereinkam. Als er merkte, was wir taten, sagte er: «Aber wir sind doch Muslime. Wie könnt ihr mit *dem Kerl* da über Jesus reden?» Er deutete auf mich. «Er glaubt, dass Jesus gekreuzigt wurde, und wir glauben das nicht.»

Alle Köpfe drehten sich in meine Richtung, um zu sehen, wie ich reagieren würde. In früheren Jahren hätte ich versucht, apologetisch an die Sache heranzugehen und unserem neuen Freund zu erklären, dass die Bibel tatsächlich lehrt, dass Jesus starb und wieder auferstand, und dass auch er daran glauben solle, um ewiges Leben zu erlangen. Doch stattdessen ... schaute ich ihn an, lächelte, zuckte die Achseln und hob meine Hände, als wollte ich sagen: *Was soll das jetzt?*

Das verlegene Schweigen spornte die anderen an, mir zu Hilfe zu eilen und sich gegen ihren Freund zu wenden. «Warum kommst du jetzt *damit?* Wir hatten eine schöne Diskussion über Jesus, bevor du hereinkamst!» Der Besucher setzte sich seufzend hin, und wir lasen weiter gemeinsam im Lukasevangelium.[67]

Das vielleicht größte unter allen Themen, über die man mit Muslimen nicht debattieren sollte, ist die *Politik*. Die Leute im Westen sind sich nicht einmal untereinander einig, welche Politik die beste ist, um den Terrorismus zu begegnen. Die Chance, dass dabei etwas herauskommt, ist noch geringer, wenn Sie über das Thema mit einem Muslim diskutieren, für den Politik und Religion unauflöslich miteinander verwoben sind. Wer für eine politische Antwort auf den Islam streitet, tritt Muslimen und ihrem Glauben auf die Füße. Es ist viel besser, den Mund zu halten und sich auf die Werte des Reiches Gottes zu konzentrieren.

Wenn Farah Fragen gestellt bekommt wie «Was ist Ihr Hintergrund?», dann antwortet sie freundlich: «Meine Herkunft ist palästinensisch, aber meine Identität ist Christus. Deshalb ist sein Reich meine Kultur.» Damit sind die Fragen, auf die es wirklich ankommt, so ziemlich beantwortet.

Wer heute auf der Kanzel steht, muss aufpassen, dass er Muslime nicht dämonisiert. Oft erlebe ich, wie Leute den Terrorismus benutzen, um ihre Zuhörer aufzuhetzen, sie wütend zu machen und mehr Spenden einzunehmen. In manchen Gemeinden sowohl in Europa als auch in den Vereinigten Staaten sind mir Leute begegnet, die so aufgebracht über den Islam sind, dass es ihnen gar nicht in den Sinn käme, sich mit einem muslimischen Nachbarn zu unterhalten. «Schreckliche Leute», sagen sie. «Teuflisch! Wenn man ihr Haus betritt, sind Geister dort! Passen Sie auf! Wenn sie Ihnen etwas zu essen geben, rühren Sie es nicht an!»

Wie passt das zum Verhalten Jesu, der ganz unverhohlen die Ungläubigen in ihren Häusern besuchte, von ihren Speisen aß und sich freimütig mit ihnen unterhielt? Seine Mission war es, sein Licht in die Richtung eines jeden zu werfen, der es empfangen wollte. Und in Bezug auf uns, seine Nachfolger, sagte er: «Wer mir dienen will, der soll mir folgen. Denn wo ich bin, soll er auch sein» (Johannes 12,26).

> Unser Ziel darf es nicht sein, auf Muslime einzuschlagen, sie mit Argumenten zu übertrumpfen und zu beweisen, dass sie im Irrtum sind. Sondern unser Ziel muss sein, sie zu lieben, sie zu respektieren und ihnen ein Beispiel zu geben, das anziehend wirkt.

Gegenüber Menschen, die geistlich in die Irre geleitet werden, darf es nicht unser Ziel sein, auf sie einzuschlagen, sie mit Argumenten zu übertrumpfen und zu beweisen, dass sie im Irrtum sind. Sondern unser Ziel muss sein, sie zu lieben, sie zu respektieren und ihnen ein Beispiel zu geben, das anziehend wirkt.

Dritter Schritt: Kommen Sie ins Gespräch

Wie schon gesagt, es wird nichts Gutes dabei herauskommen, wenn Sie sich Muslime auf Armeslänge vom Leib halten. Irgendjemand muss das Eis brechen. Warum sollten das nicht Sie sein? Einer der großen Sätze von Desmond Tutu, dem bekannten südafrikanischen Erzbischof und Friedensnobelpreisträger, ist dieser: «Wenn Sie Frieden wollen, reden Sie nicht mit Ihren Freunden. Reden Sie mit Ihren Feinden.»

Wenn Sie eine Frau mit Kopftuch an der Supermarktkasse in der Schlange stehen sehen, fangen Sie doch einfach ein Gespräch an. «Es ist heiß heute, nicht wahr?» – «Schauen Sie einmal, was für ein tolles Schnäppchen ich gefunden habe!» – «Wie alt ist Ihr Baby? Sie ist wunderhübsch. Wie heißt sie?» Wenn die Mutter antwortet, sind Sie perfekt aufgestellt, um als Nächstes zu fragen: «Ist das ein arabischer Name? Was bedeutet er?» Wenn Sie einen Akzent hören, können Sie sagen: «Sind Sie hier in diesem Land geboren, oder sind Sie von woanders gekommen?» Und schon sind Sie mitten im Gespräch. Sie sind auf dem besten Weg, eine neue Freundin zu gewinnen.

Farah hat sich angewöhnt, gelegentlich in eine bestimmte Starbucks-Filiale zu gehen, wo viele internationale Studenten von der nahen University of Missouri-Kansas City verkehren. Sie klappt ihren Computer auf und fängt an zu arbeiten, nur um verfügbar zu sein. Dabei betet sie um Gelegenheiten, mit einer der jungen Frauen ins Gespräch zu kommen, die auf einen Latte Macchiato oder Cappuccino hereinkommen. In dieser Umgebung kommt es oft zu guten Begegnungen.

Essen ist von Natur aus eine verbindende Brücke, besonders in der muslimischen Kultur – vorausgesetzt, es ist *gutes Essen!* Der Nahe Osten ist berühmt für seine Gastfreundschaft, und wenn Sie an Ihrem Arbeitsplatz oder in Ihrem Wohnhaus jemanden kennen, der aussieht, als käme er aus dem Nahen Osten, dann können Sie kaum etwas Besseres tun, als diese Person zum Essen einzuladen. Kommen die Leute zu Ihnen nach Hause, dann sorgen Sie dafür, reichlich Köstlichkeiten auf dem Tisch zu haben. (Aber vergessen Sie nicht: kein Schweinefleisch, Schinken, Speck, Würstchen usw. All das ist für Muslime verboten.) Unterhalten Sie sich ganz unbefangen miteinander und lernen Sie einander kennen. Schon bald werden Sie sich darüber austauschen, was Ihnen jeweils wichtig ist, wie Ihre Kinder in der Schule zurechtkommen, wie oft die Großeltern sie zu sehen bekommen und was die Familie gern in ihrer Freizeit tut.

Wenn Sie wirklich überhaupt keine Muslime kennen, mit denen Sie in Verbindung treten könnten, dann rufen Sie doch einfach in der nächsten Moschee oder in einem islamischen Begegnungszentrum an. Auch hier weiß Carl Medearis, wie es geht:

Sagen Sie, Sie möchten gern mehr über den Islam erfahren und vielleicht einige Leute kennenlernen, und erkundigen Sie sich, wann ein günstiger Zeitpunkt für einen Besuch wäre. Ich habe das schon oft gemacht, und die Reaktionen darauf waren zu hundert Prozent positiv.

Wenn Sie eine Moschee besuchen, gibt es eigentlich nur zwei Dinge zu beachten: Frauen sind willkommen, Schuhe nicht. Ziehen Sie Ihre Schuhe aus, wenn Sie hineingehen –

am Eingang finden Sie einen Platz dafür. Wenn nicht, fragen Sie die erste Person, die Sie sehen, wo Sie Ihre Schuhe lassen können.

Wenn Sie als Frau eine Moschee besuchen möchten, gibt es vielleicht gewisse Bereiche, die Sie nicht betreten dürfen, aber darauf wird man Sie entweder hinweisen, oder Sie werden ein Schild mit der Aufschrift «Nur für Männer» sehen. Abgesehen davon sind Frauen im Hauptgebäude willkommen; möglicherweise werden die Damen gebeten, sich seitlich von dem Gebetsbereich oder dahinter zu setzen.[68]

Je mehr man sich damit beschäftigt, desto deutlicher wird, dass es mindestens drei Typen von Muslimen gibt, die im Westen leben. Dies sind:

1. Diejenigen, die erst kürzlich auf der Suche nach einem besseren Leben, besserer Bildung für sich selbst oder ihre Kinder oder einem besseren Job gekommen sind. (Befinden sich darunter womöglich auch «Schläfer», die terroristische Gewalttaten planen? Ja – ein paar. Die Regierungen suchen nach geeigneten Maßnahmen, um diese herauszufiltern. Die überwiegende Mehrzahl jedoch kommt mit den besten Absichten.)

2. Die zweite Generation: Kinder von Einwanderern, die hier geboren oder schon sehr jung hierhergekommen sind. Sie möchten sich gerne anpassen, aber sie leben in einem Spagat zwischen zwei Kulturen – eine im Elternhaus, die andere

in der Außenwelt. Das kann sehr verwirrend sein. Manche von ihnen entwickeln eine ziemlich zynische Einstellung zu allen möglichen Fragen. Wenn sie sehen, wie die Väter anderer Kinder (mit der Videokamera in der Hand) bei Fußballspielen der Jugendliga und Tanzaufführungen erscheinen, wünschen sie sich, ihre muslimischen Väter wären nicht so sittenstreng und distanziert.

3. Studenten, die hier einen Abschluss erlangen und dann wieder nach Hause zurückkehren wollen. (Manche tun das auch; anderen gefällt es hier im Westen, und sie wollen nicht wieder weg. Wenn sie einen guten Job bekommen, kann es sein, dass sie noch andere Familienmitglieder nachholen.)

4. Eine Studie zeigt, dass *jährlich* 450.000 Studenten aus achtundsechzig Nationen im «10/40-Fenster», jenem breiten Streifen des Globus, aus dem fast alle Muslime stammen, in die Vereinigten Staaten kommen. Das ist eine riesige Gruppe junger Menschen. Doch *80 Prozent von ihnen werden ihren Abschluss machen, ohne jemals in einem amerikanischen Haushalt* (ob christlich oder nicht) *zu Gast gewesen zu sein!* Was für eine verpasste Gelegenheit.

5. Christliche Organisationen wie International Students, Inc. (www.isionline.org) sind ständig auf der Suche nach Christen, die diese jungen Männer und Frauen bei sich willkommen heißen. Auch Austauschprogramme brauchen Familien, die Schülern und Studenten für ein Jahr Unterkunft und Gastfreundschaft gewähren.

Je besser man diese Leute kennenlernt, desto mehr erfährt man über ihr Leben, ihren Hintergrund, ihre Hoffnungen und ihre Ängste. Man beginnt sie in ihrer Individualität zu würdigen. Wenn jemand sie verunglimpft, einen Witz auf ihre Kosten macht oder Pauschalurteile über «all diese Muslime» von sich gibt, sträuben sich einem die Nackenhaare – und man stellt sich schützend vor sie.

Eines der besten mir bekannten Beispiele ist das, was in den Tagen unmittelbar nach dem 11. September geschah, als Araber in der Gegend von Detroit (wo viele von ihnen leben) und anderswo sich in ihren Häusern versteckten, weil sie Angst hatten, sich auf der Straße zu zeigen. Ihre christlichen Nachbarn klopften an ihre Türen und erkundigten sich: «Ist alles in Ordnung bei euch? Braucht ihr irgendetwas aus dem Supermarkt? Gebt mir eure Einkaufsliste; ich gehe für euch einkaufen und bringe euch die Sachen, bis sich die Lage ein bisschen beruhigt hat.» Durch dieses Verhalten wurden sie zu Händen und Füßen Jesu für ihre verängstigten Nachbarn.

Vierter Schritt: Erschließen Sie die geistliche Dimension

Ob Sie es glauben oder nicht, Muslime *erwarten* von Ihnen, dass Sie offen über Ihren Glauben an Jesus Christus sprechen. Religion spielt in ihrem Leben eine absolut zentrale Rolle; warum sollte es bei Ihnen nicht genauso sein? Wenn Sie nicht von Ihrem Glauben reden, werden Muslime daraus den naheliegenden Schluss ziehen, dass er Ihnen offenbar nicht wichtig ist. Sie sind verpflichtet, fünfmal am Tag zu beten, egal, ob sie an der Arbeit sind, sich in einem Park entspannen oder gar in einem Flugzeug sitzen. Wenn ein Muslim Sie niemals beten hört oder sieht, wird er daraus schließen, dass Sie das nicht tun. Vielleicht sind Sie ja ein Atheist!

> Wenn Sie nicht von Ihrem Glauben reden, werden Muslime daraus den naheliegenden Schluss ziehen, dass er Ihnen offenbar nicht wichtig ist.

Insofern lässt sich mit einem Muslim sogar leichter ein geistliches Gespräch führen als mit einer säkularen Person aus dem Westen, mit der man sich den ganzen Tag lang über Sport oder das neueste elektronische Spielzeug unterhalten kann, die aber nervös wird, sobald das Gespräch auf ewige Dinge kommt.

Beginnen Sie mit Ihrem eigenen geistlichen Werdegang
Wie hat Gott in Ihrem Leben gewirkt? Was hat Sie zu dem Punkt gebracht, Christus zu lieben und ihm zu vertrauen? Diese Geschichte lässt sich nicht widerlegen oder bestreiten; sie ist Ihre Erfahrung mit einem Gott, der mit den Menschen in eine Beziehung treten möchte (was für Muslime ein ungewohnter Gedanke ist).

Trevor Castor gibt ein paar Hinweise zu dieser Art und Weise, über den Glauben zu reden:

Schmücken Sie Ihr sündiges Leben nicht aus. «Spektakuläre» Zeugnisse über Befreiung von Sucht und Unmoral werden bei Muslimen meist nicht sehr wirkungsvoll sein. Sie können sogar abstoßend wirken. Stattdessen ... fangen Sie Ihre Geschichte vielleicht besser im Schoß Ihrer Mutter an (Psalm 139,13–14; Jeremia 1,5). Machen Sie deutlich, dass Gott Ihnen seit Ihrer Geburt nachgegangen ist. Betonen Sie auf jeden Fall den Frieden, den Sie aufgrund der Gewissheit, dass Ihre Sünden vergeben sind, mit Gott haben. Reden Sie oft davon, dass Sie eines Tages bei ihm im Himmel sein werden. Muslime haben keine Heilsgewissheit und sind oft voller Furcht vor dem Tag des Gerichts. Die Zuversicht, mit der Sie vor den Thron der Gnade treten, wird viele Muslime aufhorchen lassen.[69]

Zitieren Sie offen aus dem Wort Gottes

Muslime sind es gewohnt, Wahrheit in einem heiligen Buch zu finden. Sie respektieren die Bibel als eine Offenbarung Gottes. Vielleicht betrachten sie sie nicht als so vollständig und zuverlässig, wie Sie es tun, aber sie würden ihr niemals den Respekt verweigern – und das sollten Sie auch nicht tun, indem Sie achtlos damit umgehen, sie beiseite werfen oder sie auf den Fußboden legen. Sie ist schließlich *das Wort Gottes!*

Farah erinnert sich noch, wie ich mich in die Bibel vertiefte, kaum dass ich Christus mein Leben übergeben hatte. Sie war damals erst fünfzehn Jahre alt, und obwohl ich keine sehr enge Beziehung zu ihr aufgebaut hatte, identifizierte sie sich mit meiner arabischen Herkunft. Diese war Teil ihrer Identität. Wenn ihre Freunde in der Schule sie zu den Jugendgruppen ihrer Gemeinden einluden, lehnte sie brüsk ab und sagte: «Nein, ich bin Muslima.»

Jetzt fühlte sie sich im Stich gelassen. Ich war Christ geworden, ihr großer Bruder hatte ein paar Monate zuvor dasselbe getan, und ihre amerikanische Mutter war, soweit sie wusste, immer noch Mitglied der katholischen Kirche. Auf einmal ging unsere Familie jeden Sonntag in die Kirche. Das gefiel Farah überhaupt nicht. Sie machte den Jugendleitern fast jede Woche das Leben schwer, indem sie für den Islam stritt. Sie waren klug genug, ihr zuzuhören und sie trotzdem zu lieben.

Nachdem sie wieder einmal eine ihrer feurigen Reden gehalten hatte, fragte schließlich eine der Leiterinnen sie leise: «Farah, würdest du mir einen Gefallen tun?» Farah nickte. «Okay. Dann lies dir bitte das Johannesevangelium durch.»

Farah erinnert sich:

Das wollte ich natürlich nicht. Insgeheim wusste ich, dass selbst der Islam die Bibel als gültig betrachtete – zumindest die ersten fünf Bücher des Alten Testaments. Ich dachte wohl, die Bibel hätte etwas Mysteriöses und Mächtiges an sich. Ich hatte Angst, sie würde mir etwas anderes sagen als das, was ich glaubte.

Aber weil ich diese junge Frau respektierte und sie auch mir Respekt gezeigt hatte, sagte ich ihr, ich würde tun, worum sie mich gebeten hatte.

So fing ich an, die Geschichte von Jesus zu lesen. Bald war ich gebannt von diesem Mann, der mit gewöhnlichen Menschen redete und sie liebte. Irgendetwas an alledem war ganz anders als das, was ich kannte. Das Wort wurde lebendig für mich. Es war nicht so, wie wenn ich im Koran las (mein Vater hatte mir in der Vergangenheit ein Exemplar davon gegeben). Es steckte ein anderer Geist darin.

Es dauerte ein Jahr, bis Farah dem Erlöser ihr Vertrauen schenkte. Die Kraft des Wortes Gottes erfasste schließlich ihr Herz und ihren Verstand. Inzwischen hatte auch ihre Mutter bereits eine bewusste Entscheidung getroffen, Christus von ganzem Herzen nachzufolgen. Unsere Familie war endlich vereint.

Die Geschichte von Jesus bietet dem muslimischen Denken viele Anknüpfungspunkte: Auch er war ein Flüchtling; seine verängstigten Eltern flohen mit ihm mitten in der Nacht nach Ägypten, um dem Zorn des Königs Herodes zu entkommen. Als er heranwuchs, waren seine Reden und sein Verhalten von großer Demut geprägt. Selbst der Koran spricht positiv über Jesus (der im Text «Isa» genannt wird) und sagt, seine Geburt sei ein «Zeichen für die Weltenbewohner»[70] gewesen, und er habe nur das getan, was Gott ihm auftrug.[71]

Über die Verwendung der Bibel sagt Trevor Castor:

Typischerweise haben muslimische Immigranten mit der inneren Not zu kämpfen, ihre Heimat verlassen zu haben. Ich erzähle gern die Geschichte, wie Jesus den Sturm stillte. Dabei betone ich, dass Jesus Macht über alle Dinge hat. Er hat die Fähigkeit, inmitten des Chaos Frieden zu schaffen.

Erzählen Sie regelmäßig Geschichten über Jesus, die Ihren muslimischen Freund fragen lassen: «Wer ist dieser Jesus?» Denken Sie an all die Stellen im Neuen Testament, wo Menschen diese Frage stellten, einschließlich der Jünger. Die Frage zielt nicht auf die Identitätskrise, sondern auf sein Wesen: Wer ist dieser Mann, der die Natur beherrscht und die Sünde vergibt?[72]

Scheuen Sie sich nicht, zu beten

Wie bereits erwähnt: Scheuen Sie sich nicht, mit Ihren muslimischen Bekannten laut zu beten. Wenn sie ein Problem oder eine Schwierigkeit erwähnen, mit denen sie zu tun haben, dann geben Sie nicht nur den typischen christlichen Spruch von sich: «Ich werde dafür beten», sondern sagen Sie: «Möchtest du, dass wir jetzt dafür beten?» Das wird Ihr muslimischer Freund niemals ablehnen. Und ja, beenden Sie Ihr Gebet ruhig «im Namen Jesu». Ihre Freunde fänden es merkwürdig, wenn Sie das nicht täten.

Bevor Sie die Wohnung Ihrer muslimischen Freunde verlassen, fragen Sie, ob Sie ein Segensgebet sprechen dürfen. Sind Ihre Freunde zu Gast bei Ihnen, machen Sie es ebenso. Gebet ist etwas Heiliges, und indem Sie muslimische Freunde einladen, diesen heiligen Akt gemeinsam mit Ihnen zu vollziehen, erweisen Sie ihnen Ehre. Zugleich stellen Sie sie damit in die Gegenwart eines Gottes, der Gebet erhört.

Sehr wichtig ist auch, dass Sie für diese Beziehung beten, wenn Sie *allein* sind. Hinter den angenehmen Gesprächen und Höflichkeiten findet hier ein geistlicher Kampf statt. Der Islam hat eine Schwere, eine Dunkelheit an sich; sie hindert Menschen daran, die Wahrheit klar zu erkennen. Es ist keine Übertreibung, wenn Epheser 6,12 sagt: «Denn wir kämpfen nicht gegen Menschen, sondern gegen Mächte und Gewalten des Bösen, die über diese gottlose Welt herrschen und im Unsichtbaren ihr unheilvolles Wesen treiben.» Deshalb fährt der Apostel Paulus in den Versen 18–19 fort: «Hört nie auf, zu bitten und zu beten! Gottes Geist wird euch dabei leiten. Bleibt wach und bereit. … Betet auch für mich, damit Gott mir zur rechten Zeit das rechte Wort gibt und ich überall das Geheimnis der rettenden Botschaft frei und offen verkünden kann.»

Nicht wir sind es, die Muslime aus eigener Kraft zu Christus ziehen können. Das ist das Werk des Heiligen Geistes. Mein Pastor Nihad Salman sagte im Hinblick auf das Engagement unter Muslimen:

Es steigt heutzutage nicht genug Gebet zum Himmel auf. Es ist wie in 2. Mose 17, wo Israel gegen die Amalekiter kämpfte. Mose stand oben auf dem Berg und betete mit erhobenen Händen. Sobald seine Arme ermüdeten, wendete sich das Kampfgeschick unten im Tal gegen Josua und die Truppen.

Der Feind war immer noch derselbe. Nichts hatte sich geändert auf dem Schlachtfeld. Nötig war nur, dass Aaron und Hur Moses Hände stützten.

Was den heutigen Terrorismus angeht, sage ich: Mehr Hände nach oben, bitte! Je beständiger wir Gott anrufen, desto mehr Durchbrüche werden wir in der muslimischen Kultur sehen.

Zeigen Sie immer Ehrfurcht

Vergessen Sie niemals, dass Ehrfurcht den Muslimen äußerst wichtig ist. Ihrer Meinung nach sind Christen viel zu nachlässig und unachtsam in ihrer Beziehung zu einem großen und mächtigen Gott. Sie finden unsere Gottesdienste oftmals zu lässig. Wie schon erwähnt, sind sie entsetzt darüber, wie manche Christen mit ihren Bibeln umgehen. Die Art und Weise, wie Christen über Gott reden, erscheint ihnen oft nicht ernst genug.

> Ehrfurcht ist Muslimen äußerst wichtig. Ihrer Meinung nach sind Christen viel zu nachlässig und unachtsam in ihrer Beziehung zu einem großen und mächtigen Gott.

Es könnte ratsam sein, wenn wir in unseren Gesprächen den Namen Jesu mit einem respektvollen Titel nennen – zum Beispiel «Jesus, der Christus». Statt mit Sprüchen wie «Ich habe eine persönliche Beziehung zu Gott» um sich zu werfen, kommen Sie weiter, indem Sie sagen: «Ich bin dankbar dafür, dass der heilige Gott mir vergeben und mich angenommen hat. Ich habe das nicht verdient, aber er ist so gnädig und barmherzig.»

Seien Sie ehrlich und authentisch

Tun Sie nicht so, als hätten Sie Antworten, die Sie in Wirklichkeit gar nicht haben. Seien Sie bereit, zu sagen: «Das weiß ich nicht – aber ich werde mich kundig machen und dann wieder darauf zurückkommen.» Halten Sie dieses Versprechen dann auch ein.

Die meisten Muslime im Westen gehen davon aus, dass sie in einem «christlichen Land» leben. Dann sehen sie die unfassbare Promiskuität, die in unseren Filmen, Fernsehserien und Popsongs dargestellt wird. Sie werden Zeugen unethischen Verhaltens in Wirtschaft und Politik. Für sie ist das pure Heuchelei!

Wenn Sie damit konfrontiert werden, können Sie das nicht einfach abschütteln. Sie werden zugeben müssen, dass die Kritik berechtigt ist. Das könnte eine Chance sein, den Hinweis zu geben, dass das Christentum eigentlich keine Frage der Kultur ist; es muss von jedem Menschen persönlich für sich ausgelebt werden. Und selbst diejenigen, die so wie Sie Gottes Weg zu folgen versuchen, leben nicht in jedem Augenblick so, wie es ihm gefällt.

Die gute Nachricht ist, dass wir Vergebung finden können, wenn wir Dinge tun, die Gott nicht gefallen, wenn wir umkehren und unsere Schuld bekennen. Für Muslime wird das oft ein völlig neuer Gedanke sein. In ihrer Religion akzeptiert Allah einen *nicht* «so wie man ist». Sie verbringen ihr ganzes Leben damit, sich um seine Gunst zu bemühen. Die Tatsache, dass Gott hohe Maßstäbe an uns anlegt, aber bereit ist, uns anzunehmen und zu vergeben, wenn wir diesen Maßstäben nicht genügen, ist wie ein frischer Wind für das muslimische Denken.

Hören Sie nie auf, zuzuhören

Muslime werden Sie ernst nehmen, nachdem Sie ihnen zugehört haben, wenn sie über ihr Leben, ihre Überzeugungen und ihre Fragen reden. Gehen Sie nicht mit dem Vorsatz *Ich muss diesen Menschen bekehren* in die Beziehung hinein. Begegnen Sie dem anderen zuerst mit Liebe. Ansonsten wird die Sache immer oberflächlich bleiben.

Durch Zuhören finden Sie allmählich heraus, wie tief die Beziehung Ihres Gegenübers zu Allah wirklich ist. Ist der andere ein frommer Muslim? Oder eher weltlich? Ist er desillusioniert darüber, was die Terroristen im Namen des Islam tun?

Wenn Sie feststellen, dass der andere eine tiefe Hingabe an den Islam hat, könnte es sich erweisen, dass es leichter ist, ihn zu Christus zu führen, weil er bereits weiß, dass eine Beziehung zu Gott wichtig ist. Er hat bereits ein Verständnis für Spiritualität und kann sich mit Ihrer Leidenschaft identifizieren. Er hat den tiefen Wunsch, mit Gott im Reinen zu sein – das bedeutet ihm mehr als einem Menschen, der weniger fromm ist.

Herausfinden können Sie das nur, wenn Sie geduldig zuhören.

Hören Sie nie auf, Fragen zu stellen

Das hält das Gespräch in Gang. Wenn Ihr Freund einen muslimischen Begriff verwendet, den Sie nicht kennen, sagen Sie:

«Damit kenne ich mich nicht so gut aus – was bedeutet das? Hilf mir bitte, das zu verstehen.» Oftmals wird Ihr Freund begeistert sein, Sie zu informieren.

Weitere gute Gesprächseinstiege:

- «Wie kann ein Mensch durch den Islam Gottes Gunst erlangen?»
- «Wie ist das für dich, wenn du deine Gebete sprichst?»
- «Was hat es mit dem Ramadan auf sich? Wie erlebst du diesen Monat?»
- «Wann weißt du, ob du in den Himmel kommst? Ich möchte dich gern dort treffen!»

Und während Sie auf jede Antwort hören, fragen Sie den Heiligen Geist, wohin Sie das Gespräch als Nächstes lenken sollten.

Hören Sie nie auf, die Wahrheit anzubieten – mit Liebe
Wenn Ihre muslimischen Freunde Ansichten über Jesus oder das Evangelium äußern, die nicht zutreffen (oft, weil sie es so gelernt haben), verwenden Sie wörtliche Zitate aus der Bibel, um ihnen den wirklichen Sachverhalt aufzuzeigen. Tun Sie das unbedingt mit einer liebevollen und barmherzigen Haltung: «Weißt du, die Bibel sagt darüber Folgendes. Ich lese es dir vor …»

Schließlich geht es nicht um Ihre Meinung. Es geht um die offenbarte Wahrheit Gottes. Ihre Freunde können sie annehmen oder von sich weisen; das ist ihr gutes Recht. Sie sind nur der Bote, der «Pressesprecher» eines Größeren. Er wird auf seine

Weise und zu seiner Zeit Herz und Verstand Ihres Gegenübers umwerben.

Es hat nicht den geringsten Sinn, auf Muslime zuzugehen mit der Haltung: «Ihr müsst auf unsere Seite wechseln und so sein wie wir!» Unser Auftrag ist nicht, das westliche Christentum zu verteidigen. Unser Auftrag ist, demütig und freundlich mit Liebe voranzugehen.

Für einen Muslim ist es ein riesengroßer Schritt, den Ruf Christi anzunehmen. Es ist nur natürlich, wenn er mit den Konsequenzen zu kämpfen hat. Wird er damit nicht einen Teil seiner Identität verlieren?

Farah erinnert sich, wie sie sich als junges Mädchen Sorgen machte, sie müsste aufhören, Araberin zu sein, wenn sie Christ würde. Eines Tages sagt eine weise Pastorenfrau zu ihr: «Farah, wenn du Christus annimmst, ändert das nicht das Geringste an deiner Herkunft. Du bist immer noch Palästinenserin. Es verändert nur dich und deine Beziehung zu Gott. Deine Kultur ist nicht dasselbe wie dein Glaube.»

An jenem Tag ging meiner Tochter endlich ein Licht auf. Sie begriff, dass es nicht darum ging, sie aus ihrer Kultur herauszuziehen; es ging darum, Christus in ihre Kultur hineinzuziehen.

Eine hohe Berufung

Es ist eine hohe und wichtige Berufung, Christus gegenüber unseren muslimischen Nachbarn und Bekannten mit Weisheit und Gnade zu repräsentieren. Immerhin sagt die Organisation Pew Research voraus, dass der Islam im Jahr 2070 die größte Religion der Welt sein wird.[73] Doch Gott gerät deswegen nicht in Panik. Er ist wie immer dabei, verwirrten und verirrten Menschen mit seiner Liebe und Barmherzigkeit zu begegnen. Und uns kommt die Ehre zu, ihm als Brückenbauer zu dienen.

Wir dürfen nicht zulassen, dass wir und unsere Gemeinden uns nur mit uns selbst beschäftigen. Wir gehören nicht irgendeinem monokulturellen Club an. Wir dürfen nicht aus lauter Furcht vor «denen» die Köpfe einziehen.

> 80 Prozent der ausländischen muslimischen Studenten werden ihren Abschluss machen, ohne jemals in einem amerikanischen Haushalt zu Gast gewesen zu sein! Was für eine verpasste Gelegenheit.

Stattdessen sind wir berufen, den Blick nach außen zu richten und zu sehen, was unser Herr mit denen vorhat, die er unbestreitbar liebt. «Von ganzem Herzen danke ich Gott dafür, dass er uns überall im Triumphzug Christi mitführt. Wohin wir auch kommen, verbreitet sich die Erkenntnis Gottes wie ein angenehmer Duft, dem sich niemand entziehen kann» (2. Korinther 2,14). Wenn wir unsere Aufgabe erfüllen, seine Liebe und Vergebung den Muslimen im Westen vorzustellen, dann wird sich die Neuigkeit zwangsläufig bei ihren Verwandten und Freunden rund um den Globus verbreiten.

Könnte dieser «angenehme Duft» sogar bis in die Lager der Terroristen in den Wüsten des Nahen Ostens vordringen? Man weiß nie ...

Wenn Sie Frieden wollen, reden Sie nicht mit Ihren Freunden. Reden Sie mit Ihren Feinden.

Kapitel 13
Ist der Weg Jesu «realistisch»?

Geschichten wie die, die ich in den vorausgegangenen Kapiteln erzählt habe, sind natürlich inspirierend – aber kommt ihnen in dem größeren Dilemma des heutigen weltweiten Terrorismus wirklich eine nennenswerte Bedeutung zu? Oder um die Frage anders zu stellen: Ist Jesus realistisch, wenn er in seiner berühmten Bergpredigt Folgendes zu den Leuten sagt?

Es heißt auch: «Auge um Auge, Zahn um Zahn!» ...

Es heißt bei euch: «Liebt eure Freunde und hasst eure Feinde!» Ich sage aber: Liebt eure Feinde und betet für alle, die euch verfolgen! So erweist ihr euch als Kinder eures Vaters im Himmel. Denn er lässt seine Sonne für Böse wie für Gute scheinen, und er lässt es regnen für Fromme und Gottlose. Wollt ihr etwa noch dafür belohnt werden, dass ihr die Menschen liebt, die euch auch lieben? Das tun sogar die Zolleinnehmer, die sonst nur auf ihren Vorteil aus sind! Wenn ihr nur euren Freunden liebevoll begegnet, ist das etwas Besonderes? Das tun auch die, die von Gott nichts wissen.

Matthäus 5,38.43–47

Man ist versucht zu sagen: Schön und gut, das ist ein netter Ratschlag für den Umgang mit dem griesgrämigen Chef auf der Arbeit oder für die Schlichtung eines Streits unter Nachbarn – aber nicht für große Konflikte wie den zwischen dem Westen und dem Islam.

Jesus wusste sehr gut, dass er sich mit seiner Lehre auf dünnes Eis begab. Deshalb gibt er auch offen zu: «Es heißt bei euch … Ich sage aber …» Diese Sichtweise verblüffte seine Zuhörer im ersten Jahrhundert. Sie verblüfft uns auch heute.

Wenn Jesus sagt: «Glücklich sind, die Frieden stiften, denn Gott wird sie seine Kinder nennen» (Matthäus 5,9), lädt er uns ein zu einer radikal anderen Denkweise: Er ruft uns auf, uns anderen Menschen zuzuwenden und ihnen den Weg des Friedens vorzuleben. Ja, die Welt wird immer aggressiver und gewalttätiger – aber das bedeutet nicht, dass ich dabei mitmachen muss. Ich muss meinen Teil tun, um für Frieden und Liebe einzutreten, egal, was um mich her vorgeht. Ich muss mithelfen, kleine Araber und Juden heranzuziehen, die sich gegenseitig mögen und miteinander Fußball spielen, statt mit Maschinenpistolen aufeinander zu schießen. Das ist meine Art, ein Leben zu führen, das Jesus «glücklich» nennt.

Liebe plus

Über seinen Aufruf hinaus, unsere Feinde zu lieben, gibt Jesus uns in dem obigen Abschnitt eine konkrete Anweisung: «Betet für alle, die euch verfolgen.» Beten wir Christus-Nachfolger für die Leute im IS, oder verfluchen wir sie? Wenn wir wirklich daran glauben, dass kein Mann und keine Frau für Gottes Gnade unerreichbar ist, welche Untaten er oder sie auch begangen haben mag, dann sollten wir Gott bitten, das Licht dieser Gnade in jedes finstere Herz hineinleuchten zu lassen.

Was wäre, wenn ich persönlich von radikalen IS-Anhängern angegriffen würde? Ich kann wahrheitsgemäß sagen, dass ich mich nicht davor fürchte, weil ich weiß, wohin ich gehe. Aber was wird aus diesen maskierten Männern, die Messer oder Gewehre schwingen? Was wird aus ihren Seelen? Ich habe das wunderbare Vorrecht des Heils empfangen – und sie kennen diese Wirklichkeit noch nicht. Deshalb gilt ihnen meine Sorge. Sie sind diejenigen, für die ich bete.

Im Internet[74] kann man sich ein atemberaubendes Interview mit dem Bruder zweier junger Ägypter anschauen, die unter den einundzwanzig waren, die im Februar 2015 an der libyschen Mittelmeerküste enthauptet wurden. Sie mussten sich in ihren orangen Overalls niederknien, jeder mit einem IS-Henker hinter sich, und gingen mit dem Namen Jesu auf den Lippen in ihren blutigen Tod. Wenig später erklärte der überlebende Bruder einem Reporter des arabischen christlichen Senders SAT7 live im Fernsehen:

Der IS hat uns [in seinem Video] mehr gegeben, als wir uns hätten wünschen können, indem sie den Teil, wo sie ihren Glauben bekannten und Jesus Christus anriefen, nicht herausgeschnitten haben. Der IS hat uns geholfen, unseren Glauben zu stärken.

Der Interviewer fragte weiter: «Wie geht es Ihrer Familie?»

Die Antwort: Sie sind nicht in Trauer, sondern beglückwünschen einander dafür, dass so viele aus unserem Dorf als Märtyrer gestorben sind. Wir sind stolz auf sie!

Die Bibel sagt uns, dass wir unsere Feinde lieben und diejenigen segnen sollen, die uns verfluchen.

Daraufhin hakte der Interviewer noch etwas persönlicher nach und sagte: «Würden Sie oder jemand aus Ihrer Familie zornig reagieren, wenn wir um Vergebung für diejenigen bäten, die Ihre Brüder umgebracht haben?» Der junge Mann antwortete darauf mit einer Geschichte:

Heute habe ich mich mit meiner Mutter unterhalten. ... Sie ist eine ungebildete Frau von über sechzig Jahren. Ich habe sie gefragt: «Was würdest du tun, wenn du diese IS-Leute auf der Straße vorbeigehen sehen würdest und ich dir sagen würde: ‹Das ist der Mann, der deinen Sohn getötet hat›?»

Sie sagte: «Ich würde Gott bitten, ihm die Augen zu öffnen – und [dann] würde ich ihn in unser Haus einladen, weil er uns geholfen hat, ins Reich Gottes einzutreten.»

Absurd? Nicht, wenn wir uns an die Bibelstelle erinnern, auf die diese Mutter, die zwei Söhne verloren hatte, sich berief: Paulus und Barnabas kehrten «nach Lystra, Ikonion und Antiochia zurück. Dort ermutigten sie die jungen Christen, im Glauben festzubleiben, und erinnerten sie noch einmal: ‹Der

Weg in Gottes neue Welt führt durch viel Leid» (Apostelgeschichte 14,21–22).

Statt die Enthauptungen ihrer Angehörigen als Tragödie, als empörende Tat, als Unheil zu bezeichnen, betrachteten diese ägyptischen Christen sie als einen Impuls hin zu einer höheren geistlichen Ebene. Und ihr Zeugnis verbreitete sich übers Fernsehen über die gesamte Arabisch sprechende Welt.

Eine Waffe von anderer Art

Der bereits erwähnte messianisch-jüdische Pastor erinnert sich daran, wie er während der zweiten Intifada im Jahr 2000, als es fast täglich Selbstmordanschläge in israelischen Bussen und Restaurants gab, Gott um Wegweisung anflehte. Seine eigene Tochter arbeitete in einem Einkaufszentrum, als ein Mann mit einem versteckten Sprengstoffgürtel dort eintrat. Ein Wachmann hielt ihn an, um ihn zu befragen, und der Mann ließ seinen Sprengsatz hochgehen und tötete sich selbst und den Wachmann. Wäre er nur ein paar Schritte weiter ins Einkaufszentrum hineingekommen, hätte auch die Tochter des Pastors verletzt oder getötet werden können.

Ein anderer junger Mann in dieser Gemeinde, siebzehn Jahre alt, war eines Morgens mit dem Bus unterwegs zur Schule, als ihn plötzlich ein heftiger Kopfschmerz befiel. Er drückte auf den Halteknopf. Der Jugendliche stieg aus und machte sich zu Fuß auf den Heimweg, während der Bus seine Fahrt fortsetzte –

und plötzlich explodierte. Gott hatte sein Leben verschont. Aber er war traumatisiert.

Was soll ein Pastor angesichts von so viel Blutvergießen sagen? «Als ich zum Herrn rief, um irgendeine Antwort zu bekommen», erzählt er, «wurde meine Aufmerksamkeit auf 2. Korinther 10,3–4 gelenkt:

Natürlich bin auch ich nur ein Mensch, aber ich kämpfe nicht mit menschlichen Mitteln. Ich setze nicht die Waffen dieser Welt ein, sondern die Waffen Gottes. Sie sind mächtig genug, jede Festung zu zerstören.

Mir wurde klar, dass wir auch Waffen haben!», berichtet er weiter. «Es sind zwar keine Kalaschnikows oder M16 – aber unsere sind stärker. Was für Waffen sind das? Zwei Dinge: 1. Gebet bzw. Fürbitte und 2. Einheit unter den Gläubigen.»

Er verbindet diesen Gedanken mit dem, was Petrus in Apostelgeschichte 3 zu dem lahmen Bettler vor dem Tempeltor sagt: «Geld habe ich nicht. Aber was ich habe, will ich dir geben. Im Namen Jesu Christi von Nazareth: Steh auf und geh!» (Vers 6). Was wir haben als Christen in einer Welt, die angefüllt ist mit den Werken des Bösen, ist das Vorrecht, Botschafter für Christus zu sein. Mein Freund sagt: «Ich kann Visa für das Reich Gottes ausstellen! Mir wurde klar, dass es unsere Berufung ist, die gute Nachricht von Jesus Christus zu unseren Feinden zu bringen. Das ist das kostbarste Geschenk, das wir ihnen machen können.»

Genau das ist eigentlich die Geschichte der Gemeinde Jesu. Das ist der Grund, warum Gott einen zutiefst jüdischen Rabbi namens Paulus zu Griechen und Römern schickte: um Versöhnung zu bringen. 2000 Jahre später ist das auch unsere Berufung.

Das Wort *Versöhnung* setzt eine Vorgeschichte voraus: Eine Beziehung, die einmal bestand, wurde zerstört, nun muss sie wieder versöhnt werden.

Und wie mein Freund, der Pastor, sagt: «Versöhnen kann man sich nur mit seinen Feinden. Wenn jemand schon ein Freund ist, ist keine Versöhnung nötig. Man muss ins *andere* Lager hinüber, um den Prozess in Gang zu bringen.»

Für ihn bedeutet das, zu Leuten zu gehen, die durch die Politik der Israelis Schaden erlitten haben, und zu sagen: «Als Jude möchte ich euch um Vergebung bitten für das, was meine Regierung eurer Familie angetan hat», oder: «... für die Art und Weise, wie ihr an dem Kontrollpunkt behandelt worden seid.» Das durchbricht die Barriere und macht den Weg frei für die Heilung.

> Versöhnen kann man sich nur mit seinen Feinden. Wenn jemand schon ein Freund ist, ist keine Versöhnung nötig. Man muss ins *andere* Lager hinüber, um den Prozess in Gang zu bringen.» – Ein messianisch-jüdischer Pastor

Um ein entgegengesetztes Beispiel anzuführen: In seiner Gemeinde gibt es betagte Juden, die den Holocaust überlebt haben.

Ihre Erinnerungen sind für immer versehrt von der quälenden Not des Zweiten Weltkriegs. Es ist nicht schwer, sich vorzustellen, wie sie reagierten, als kürzlich zwei junge Leute aus Deutschland kamen, um als freiwillige Helfer in der Gemeinschaft mitzuarbeiten.

«Sie sagten, Gott habe sie berufen, zu uns zu kommen und uns zu helfen, und ich fand das toll. Beim nächsten Gebetstreffen stellte ich sie begeistert vor.

Plötzlich ergriff eine Frau in den Vierzigern das Wort. Direkt zu den beiden Mädchen gewandt sagte sie: ‹Es tut mir leid, aber ich kann nicht mit euch beten. Meine Familie ist in den Konzentrationslagern umgekommen.›

Es wurde ganz still im Raum. Was würde jetzt geschehen?

Eine der jungen Deutschen ging zu der Frau hinüber und kniete vor ihr nieder. ‹Nun, ich war noch nicht geboren, als der Krieg zu Ende ging›, sagte sie leise. ‹Aber als Deutsche möchte ich Sie um Vergebung für das bitten, was mein Volk Ihrer Familie angetan hat.›»

Die jüdische Frau brach in Tränen aus. Dieses Mädchen nutzte ihre deutsche Identität, um eine seit langem bestehende Kluft zu überbrücken. Am Ende lud ausgerechnet diese Frau das Mädchen ein, während ihrer Zeit in der israelischen Gemeinde bei ihr zu wohnen.

Gott kann unsere Geschichte, unsere Identität benutzen, um eine Brücke statt einer Mauer zu bauen. Das gehört zu seiner auf den Kopf gestellten Strategie, um die Welt mit ihm und mit ihr selbst zu versöhnen.

Auf den Kopf gestellt

Es gibt noch eine andere Seligpreisung mit einer auf dem Kopf stehenden Wendung. Sie lautet: «Glückselig die Sanftmütigen, denn sie werden das Land erben» (Matthäus 5,5; Elberfelder). Es heißt nicht: «Glückselig sind die *Starken,* denn sie werden die Erde *erobern.*» Stattdessen stellt Jesus die Sanftmütigen in den Mittelpunkt und verspricht, dass ihnen Gutes als Erbe zuteilwird, nicht dadurch, dass sie es mit Gewalt an sich reißen.

Das griechische Wort für «Land» oder «Erde» in diesem Vers ist *gē,* ein gebräuchlicher Ausdruck, der im Neuen Testament 223-mal auftaucht. In dieser Seligpreisung wird er in den meisten deutschen Übersetzungen mit «Erde» oder «Erdreich» wiedergegeben, doch in anderen Fällen, über fünfzig Mal, wird es mit «Land» übersetzt, zum Beispiel «das Land Juda» oder «das Land Ägypten», oder auch mit «Boden», wie im Bericht über die Speisung der Viertausend («Er forderte die Leute auf, sich auf die *gē* zu setzen» – Markus 8,6 nach Einheitsübersetzung).

Denken Sie nun an die heutigen erbitterten Kämpfe um Grund und Boden im Nahen Osten ... und an das, was Jesus tatsächlich mit dieser Seligpreisung zum Ausdruck bringt: «Glückselig sind die Sanftmütigen, denn sie werden die *gē* erben.» Kaum vorstellbar, dass eine solche Methode fruchtbar sein soll, oder? Aber vielleicht hat das mehr mit unseren Denkvoraussetzungen zu tun als mit der Wahrheit des Jesus-Weges.

Es macht mich traurig, wenn ich höre, wie Christen im Westen – auf der Kanzel, in lockeren Gesprächen, auf Facebook –

darüber jubeln, wenn jemand getötet wird. Doch das passiert dauernd. Wie kommen diese Leute von der Bergpredigt zu dieser kriegerischen Haltung?

Ich sollte allerdings mit dem Finger nicht nur auf die westlichen Kirchen zeigen, denn hier im Heiligen Land stehen wir vor demselben Problem. Anfang 2014 fand am Toten Meer eine Konferenz für junge jüdische und arabische Christen statt, um gemeinsam anzubeten, gute Lehren zu hören und einfach einander kennenzulernen. Die Veranstaltung schien ein Erfolg zu sein.

Bald darauf begann der Krieg in Gaza. Man fiel wieder in alte Gewohnheiten zurück. Der sechzehnjährige Sohn von Pastor Nihad Salman kam zu seinem Vater und sagte: «Schau dir an, was die israelischen Kids auf Facebook posten! Sie sind ganz begeistert davon, wie viele Palästinenser ausgelöscht worden sind. Und mit solchen Leuten soll ich mich anfreunden?»

Das gab den Anlass zu ernsten Gesprächen auf Leitungsebene. Wir gründeten schließlich eine Initiative, die wir «Kingdom First» nannten, nach den Worten unseres Herrn in Matthäus 6,33 – «Trachtet zuerst nach dem Reich Gottes und nach seiner Gerechtigkeit, so wird euch das alles zufallen» (Luther). Wir brauchen uns nicht um unsere eigenen Bedürfnisse, unsere persönliche Identität oder um das Vorankommen unserer Gruppe zu sorgen. Stattdessen müssen wir unser Augenmerk auf die Ziele des Reiches Gottes richten. Dann wird «das alles», was uns beschäftigt – unsere Sicherheit, unsere Lebensweise, unser Wunsch nach gerechter Behandlung –, im Schlepptau hinterherkommen.

Versöhnung muss mehr sein als nur gemeinsame Veranstaltungen, auf denen man sich kennenlernt. Stattdessen muss es uns um den Missionsauftrag und die beiden größten Gebote gehen, die Jesus beschrieb. Wenn wir daran arbeiten, alle Völker (das griechische Wort in Matthäus 28,19 lautet *ethnos,* also alle ethnischen Gruppen) zu Jüngern zu machen, während wir den Herrn, unseren Gott, über alles lieben und unseren Nächsten lieben wie uns selbst, werden wir unserer wahren Berufung gerecht.

Ja, es ist nützlich, gegenseitig auf unsere Leidensgeschichten zu hören. Aber wenn das im Übermaß geschieht, kann es zu einer Opfermentalität degenerieren – «Ich habe mehr gelitten als du; hast du kein Mitleid mit mir?» Unser Blick richtet sich nach innen und nach unten. Jesus aber ruft uns auf, nach oben zu schauen, den Bau seines Reiches über alles andere zu stellen – egal, wo auf dem Globus wir uns befinden.

Es ist nicht immer leicht, die Hauptsache Hauptsache sein zu lassen. Doch wie Joel Rosenberg in seinem Vorwort zu meinem früheren Buch schrieb:

Wir müssen ernst machen damit, dem Gebot Jesu, unsere Nächsten und unsere Feinde zu lieben, zu gehorchen. Das können wir nur, wenn die Kraft des Heiligen Geistes durch unser Leben fließt. Aber wenn wir es tun – wenn wir wirklich den Worten und dem Vorbild Jesu gehorchen –, dann wird das Aufmerksamkeit erregen. Die Leute werden geschockt sein, wenn sie sehen, wie wir diejenigen lieben, die uns hassen. Dann werden sie Fragen stellen. Ihre Herzen werden sich erweichen. Sie werden neugierig werden, mehr über den Gott zu erfahren, dem wir dienen. Und dann werden sie hoffentlich diesen Gott selbst persönlich kennenlernen wollen.

Das können wir schon jetzt überall im Nahen Osten beobachten.[75]

Nur eine Botschaft

Vor über hundert Jahren schiffte sich im Hafen von New York ein frischgebackener College-Absolvent ein, um seinen Dienst als Missionar im fernen Indien anzutreten. Sein Name war E. Stanley Jones. Es war immer noch die Zeit der britischen Kolonialherrschaft in jenem riesigen Land, und der Neuankömmling begriff rasch, dass Veränderungen kommen mussten. Aber das konnten er und die anderen methodistischen Missionare natürlich nicht so offen sagen, denn sonst hätten sie rasch ihre Visa verloren.

Die erste Aufgabe für Jones war der Pastorendienst in der englischsprachigen Gemeinde in der Stadt Lucknow. Zugleich jedoch arbeitete er daran, Freundschaften zu Hindus und Muslimen aufzubauen, wo immer er ihnen begegnen konnte. Er beschäftigte sich mit den kulturellen Kräften, die am Werk waren. Mit seiner Haltung brachte er sinngemäß zum Ausdruck: *Ich bin nicht hierhergekommen, um das westliche Christentum zu verteidigen.*

Ich bin nicht gekommen, um die britische Herrschaft zu verteidigen. Ich bin nicht gekommen, um die Methodistische Kirche zu verteidigen. Ich bin gekommen, um über Christus zu reden.

Und wie war die Reaktion? Hindus drückten ihre Hochachtung vor Christus als einem bemerkenswerten Guru aus, der Liebe und Barmherzigkeit für alle lehrte. Ebenso bekräftigten die Muslime, dass Christus ein verehrter Prophet war. Solange Jones einfach über den Weg Christi sprach, waren beide Gruppen bereit, ihm zuzuhören.

Bald wurde er überall eingeladen, um öffentlich vor großem Publikum zu sprechen. Es kamen sogar Einladungen aus anderen Ländern wie Mesopotamien (dem heutigen Irak), Palästina und Ägypten. 1938 nannte ihn das Magazin «Time» den «größten christlichen Missionar der Welt». Die Führer der indischen Unabhängigkeit (Gandhi, Nehru) sprachen regelmäßig mit ihm. Er wurde für den Friedensnobelpreis nominiert. Während seines langen Lebens hielt er schätzungsweise ungefähr 60.000 öffentliche Ansprachen und stellte damit vielleicht einen Weltrekord auf. Tausende und Abertausende fanden infolgedessen zum Herrn.

Natürlich hatte er auch seine Kritiker. Aber sein Biograf fasst es treffend zusammen:

Statt eine feste Liste religiöser Grundannahmen oder Prinzipien zu definieren und zu artikulieren, um sich von anderen Christen zu unterscheiden, berief sich Stanley Jones einfach und direkt auf die Person Jesu Christi. Jesus Christus war der

Brennpunkt seines ganzen Lebens als Missionar und Evangelist. Jones setzte Leib, Seele und Geist für sein persönliches Zeugnis für Christus ein, und er tat es mit solcher Ehrlichkeit, Klarheit und Überzeugungskraft, dass er das Leben von Tausenden von Menschen veränderte, die ihn hörten oder persönlich mit ihm sprachen, seine Bücher lasen oder an seinen Aschrams [Freizeiten] teilnahmen.[76]

Diese alleinige Ausrichtung auf den Jesus-Weg ist heute in unseren hitzigen Debatten über Extremismus und Terrorismus in der muslimischen Welt ebenso dringend notwendig. Je weniger wir als Christen unser Augenmerk auf westliche Geschäftsinteressen (Öl), das Pro und Kontra des Zionismus, den «Krieg gegen den Terror», die Politik dieser und jener Regierung oder dieser und jener politischen Partei richten und *je mehr wir uns auf Jesus konzentrieren,* desto größer wird der Beitrag sein, den wir für den Frieden im Nahen Osten leisten können. Jesus ist kein Parteigänger in dieser Debatte, der eine Seite gegenüber der anderen bevorzugt. Er ist die Antwort, nach der die ganze Welt sich sehnt, ob es den Menschen bewusst ist oder nicht. Deshalb wird er *der Friedefürst* genannt.

Kapitel 14
Silberstreifen am Horizont

Gibt es irgendeinen Grund zur Hoffnung in unserer terrorisierten Welt? Können wir irgendeinen Lichtschimmer zwischen den dunklen Donnerwolken ausmachen, die aus dem Nahen Osten heranziehen? Die meisten Leute in fast allen Ländern der Erde würden sagen: Nein; alles scheint immer nur noch schlimmer zu werden.

Aber schauen Sie einmal näher hin. Kürzlich saß ich mit meinem Co-Autor Dean Merrill und meinem Pastor in Bethlehem, Nihad Salman, zusammen, um über die Situation zu sprechen. Sein Blickwinkel wird Sie vielleicht überraschen.

Hier ist der Kern dessen, was Nihad sagte:

Durch den Aufstieg des IS und anderer ähnlicher Gruppen wird nun der wahre Islam vor der Welt offenbar, auch vor der muslimischen Welt. Bis vor kurzem wusste die Welt noch nicht, wie viel Hass in der Religion verwurzelt ist.

Viele einzelne Muslime sind in Wirklichkeit besser als ihre Religion. Ich begegne ihnen dauernd. Sie sagen mir: «Dieses ‹Töten im Namen Allahs› – nein, nein, nein, das ist nicht der Islam.» Ich sage zu ihnen: «Bist du dir da sicher? Jede terroristische Tat scheint doch im Namen irgendeines Koranverses oder einer Auslegung in den Hadithen vollbracht zu werden.»

Das führt bei vielen Muslimen zu einer Identitätskrise. «Wo gehöre ich hin?», fragen sie. «Ist das die Art und Weise, wie ich meine Kinder erziehen will?» Ein gläubiger muslimischer Vater sagte zu mir: «Ich begreife nicht, dass meine Religion mich auffordert, meinen Nachbarn zu töten oder zu vertreiben!»

Ein anderer Mann, ein gebildeter Jurist, sagte: «Ich will nicht zu einer Religion gehören, die mich zu einem Terroristen macht. Das bin nicht ich.»

Die überwiegende Mehrzahl der Toten, die bisher im Nahen Osten zu beklagen sind, sind Muslime, die von anderen Muslimen getötet wurden: So geschieht es in Libyen, in Syrien, im Irak, im Jemen und überall in der Region. Hin und wieder entsendet unsere Gemeinde Teams, um in den syrischen Flüchtlingslagern im nahegelegenen Jordanien zu helfen. Was sie dort zu hören bekommen, ist: «Wir wollen keine Religion, die so viel Aufruhr verursacht. Zu was für einer Religion gehören wir denn? Das ist doch alles Betrug.»

Tatsächlich wendet sich inzwischen eine kleine, aber wachsende Anzahl von Muslimen dem Atheismus zu.

All dies deutet für mich darauf hin, dass es in den nächsten drei bis fünf Jahren eine große geistliche Ernte geben könnte. Wo immer ich jetzt hingehe, zögere ich nicht, mich als «Pastor Nihad Salman» vorzustellen. Früher hatte ich Angst, diesen Titel zu gebrauchen. Ich fürchtete, mit Schlägen traktiert zu werden.

Heute merke ich, dass die Leute Fragen stellen, wenn sie ihn hören! «Oh! Sie sind Pastor? Könnten Sie mir vielleicht etwas erklären: Warum glaubt ihr Christen an drei Götter?» (Tun wir nicht, aber der zugegebenermaßen schwierige Gedanke der Dreieinigkeit löst bei Muslimen oft dieses Missverständnis aus.)

«Wie kommen Sie dazu zu glauben, dass Gott ein Mensch wurde?»

«Wie kommen Sie dazu, zu glauben, dass Gott an einem Kreuz getötet wurde?»

All dies sind wunderbare Einstiege für offene Gespräche über das Evangelium. Und das gibt mir große Hoffnung.

In der Vergangenheit griffen Muslime erst einmal den christlichen Glauben an, wenn sie Christen begegneten. Heute sind sie stattdessen defensiv und versuchen zu erklären, dass nicht alle Muslime so sind wie der IS. Das ist eine große historische Verschiebung.

Gleichzeitig nimmt der Einfluss der christlichen Medien immer mehr zu. Wir haben sieben oder acht christliche Fernsehkanäle, die rund um die Uhr senden. Und ich staune darüber, wie viele Muslime zuschauen. Natürlich hat fast jeder einen Fernseher.

Außerdem gebraucht Gott das Internet, durch das jeder in seinem eigenen Zimmer vollkommen kostenlos arabische Bibeltexte und andere Materialien streamen kann. Die Behörden und die Mullahs sind praktisch machtlos dagegen. Das Licht bricht durch.

Mir gefällt der Terrorismus genauso wenig wie Ihnen. Aber ich sehe, wie Gott ihn gebraucht, um die Köpfe und Herzen der Muslime aufzuschließen.

Auf lange Sicht

Ich stimme dem, was dieser Pastor sagt, vollkommen zu. Die Anzeichen dafür sehe ich dauernd. Es erinnert mich daran, dass Gott größer ist als die Schlagzeilen. Wenn er sein Reich mitten in das römische Heidentum des ersten Jahrhunderts hineinpflanzen konnte, kann er es auch mitten in unsere Situation hineinpflanzen.

Vor über zwanzig Jahren sagte Dr. Robert Douglas, einer der ersten Leiter des Zwemer-Instituts, auf einer Muslim Awareness Conference:

Denken Sie an den Abschnitt in Apostelgeschichte 18, wo Paulus in Korinth ist und ihm der Mut sinkt. Der Herr [erschien ihm eines Nachts in einer Vision und] sagte: «Fürchte dich nicht, sondern rede und schweige nicht! … Denn ich habe ein großes Volk in dieser Stadt» (Vers 9–10; Luther). Nun, zu diesem Zeitpunkt hatte er dort nicht viele Gemeindeglieder. Es scheint also, als wollte der Herr eigentlich sagen: «Paulus, ich war schon vor dir hier. Danke, dass du dich auch endlich blicken lässt, Bruder. Und ich bin hier schon in sozialen, politischen, kulturellen, wirtschaftlichen und familiären Angelegenheiten am Wirken. Ich habe da draußen manche Sehnsüchte geweckt, und auch wenn die Leute vielleicht noch nicht wissen, wonach sie sich sehnen und wie sie sich ausdrücken sollen, wenn du sie fragst – gib nicht auf.

Schweige nicht. Mach weiter und nutze die Offenheit, die ich bewirkt habe.»[77]

Gott ist heute quer durch die islamische Welt am Wirken. Er nutzt Ereignisse, um neue Fragen, neue Gedanken, neue Emotionen zu wecken. Er nutzt neue Medien, um das Denken der jungen Leute aufzurütteln. Er «ist langmütig ..., da er nicht will, dass irgendwelche verloren gehen, sondern dass alle [auch die Muslime!] zur Buße kommen» (2. Petrus 3,9; Elberfelder).

Gott wird nicht ungeduldig, wie lange es auch dauern mag. Aber ich habe das Gefühl, dass er in unserer Zeit das Tempo beschleunigt.

«Ich will nicht zu einer Religion gehören, die mich zu einem Terroristen macht. Das bin nicht ich.» – Ein muslimischer Anwalt

Mein Herz ist voll freudiger Erwartung, wenn ich einen Choral lese, der vor sehr langer Zeit (1889) von John G. Lansing geschrieben wurde, der zwölf Jahre lang in Ägypten aufwuchs, wo seine Eltern als Missionare tätig waren. Später lehrte er alttestamentliche Sprachen und Exegese am heutigen New Brunswick Theological Seminary und schrieb außerdem die erste in Amerika veröffentlichte arabische Grammatik. Hören Sie, mit welch beredten Worten er seine Vision dessen schildert, was Gott vielleicht tun wird:

There's a land long since neglected,
There's a people still rejected,
But of truth and grace elected
In His love for them.

Softer than their night winds, fleeting,
Richer than their starry tenting,
Stronger than their sands protecting
Is His love for them.

To the host of Islam's leading,
To the slave in bondage bleeding,
To the desert dweller pleading,
Bring His love for them.

Through the promise on God's pages,
Through His work in history's stages,
Through the cross that crowns the ages,
Show His love to them.

With the prayer that still availeth,
With the power that prevaileth,
With the love that never faileth,
Tell His love to them.

Till the desert's sons now aliens,
Till its tribes and their dominions,

Till Arabia's raptured millions
Praise His love of them.[78]

(Es gibt ein Land, lange vernachlässigt,
Es gibt ein Volk, immer noch verworfen,
Doch aus Wahrheit und Gnade erwählt
In Seiner Liebe zu ihnen.

Sanfter als ihr nächtlicher Windhauch,
Reicher als ihr Sternenzelt,
Stärker als ihre schützenden Sanddünen
Ist Seine Liebe zu ihnen.

Der Schar, die vom Islam geleitet wird,
Dem Sklaven, der in Ketten blutet,
Dem flehenden Wüstenbewohner –
Bringt Seine Liebe zu ihnen.

Durch die Verheißung in Gottes Buch,
Durch Sein Wirken in der Geschichte,
Durch das Kreuz, das die Zeitalter krönt,
Zeigt Seine Liebe zu ihnen.

Mit dem Gebet, das immer noch hilft,
Mit der Macht, die immer noch siegt,
Mit der Liebe, die nie vergeht,
Erzählt von Seiner Liebe zu ihnen.

Bis die Wüstensöhne, heute noch Fremde,
Bis ihre Stämme und ihre Ländereien,
Bis Arabiens entrückte Millionen
Seine Liebe zu ihnen preisen.)

Dr. Lansing starb 1906. Aber sein Traum lebt weiter. Dies ist nicht unmöglich! Dies ist es, wonach Gottes Herz verlangt. Und wir haben das hohe Vorrecht, ihm helfen zu dürfen, damit es Wirklichkeit wird.

> Gott ist größer als die Schlagzeilen. Wenn er sein Reich mitten in das römische Heidentum des ersten Jahrhunderts hineinpflanzen konnte, kann er es auch mitten in unsere Situation hineinpflanzen.

Vierter Teil

Helden des Alltags: Friedensstifter bei der Arbeit

In diesem Abschnitt des Buches möchte ich Menschen vorstellen, die tatsächlich das tun, worüber ich geschrieben habe. Ich kenne jeden von ihnen persönlich und habe die guten Früchte ihrer Bemühungen gesehen. Sie sind tatsächlich meine Helden.

Kapitel 15
Die führenden Köpfe
von morgen heranbilden

Die frühmorgendliche Sonne scheint hell durch die alten Olivenbäume entlang einer kleinen Straße in Ostjerusalem, nicht weit vom Damaskustor. Der Verkehrslärm von der viel befahrenen Prophets Road am Ende des Häuserblocks hallt von den Steinmauern wider. Ein Stück weiter die Straße hinauf befindet sich eine jüdisch-orthodoxe Jeschiwa, eine Talmudschule, wo Männer in langen schwarzen Gehröcken mit Schläfenlocken unter ihren breitkrempigen Hüten ihren Geist in die Verästelungen der heiligen Thora versenken.

Auf dem Weg dorthin kommen Sie an einem kleinen Tor mit einem bescheidenen Schild mit der Aufschrift *Little Hearts Preschool* vorbei. Das schlichte Logo zeigt zwei zu einer Schale geöffnete Hände, die ein rotes Herz halten, aus dem eine grüne Pflanze mit zwei Blättern sprießt.

Wenn Sie hinschauen, fällt Ihnen vielleicht auch eine Araberin in langem schwarzem Gewand und beigefarbenem Hidschab auf, die die Straße heraufkommt, an der Hand ihren vierjährigen Sohn. Sie drückt auf den Klingelknopf neben dem Metalltor. Eine Praktikantin öffnet und beugt sich lächelnd zu dem Jungen herab. «Guten Morgen, Hamid! Schön, dich wiederzusehen. Kommt herein!»

Noch ehe die Mutter sich von ihrem Sohn verabschiedet hat,

fährt ein silberner Toyota vor. Ein jüdischer Vater auf dem Weg zur Arbeit springt heraus und hält dabei die Kippa auf seinem Kopf fest. Er befreit die dreijährige Esther, seine Tochter, aus ihrem Kindersitz und führt sie zu dem Tor. Ihre hellbraunen Haare sind lang und hinten zu einem Knoten geschlungen, und ihre schwarzen geschlossenen Schuhe klappern auf den Steinen. «Ich wünsche dir einen schönen Schultag, mein Schatz!», sagt er und gibt ihr zum Abschied einen Kuss. Dann winkt er der Praktikantin und der arabischen Mutter zu und kehrt zu seinem Auto zurück.

Bald darauf kommt das nächste Auto. Ein eleganter Koreaner in dunkelblauem Anzug und brauner Krawatte steigt aus und öffnet die hintere Tür für seinen sechsjährigen Sohn. «Vergiss deinen Rucksack nicht, Ji-hoon», erinnert er ihn. Der Junge mit dem sorgfältig gekämmten schwarzen Haar und dem makellosen gelben Hemd nimmt gehorsam seine Sachen und geht auf das Tor zu. Sein Vater verspricht ihm: «Um halb vier hole ich dich wieder ab.» Dann fährt er rasch davon, um seinen Tag im Büro zu beginnen.

Und so beginnt ein neuer Tag in diesem Kindergarten von Seeds of Hope.

Wo «anders» keine Rolle spielt

Am Ende des kurzen Eingangskorridors stürmen die Kinder ihren Freunden entgegen, die bereits im Hof spielen. Manche fahren Dreirad, manche bauen Straßen im Sandkasten, manche werfen sich Gummibälle zu. Über ihren Köpfen ist ein Nylonnetz gespannt, um die zarte Haut der Kinder ein wenig vor der orientalischen Sonne zu schützen.

Durch die Luft schwirrt ein buntes Durcheinander aus Englisch, Hebräisch und Arabisch, dazu vereinzelt noch andere Sprachen, die diese Kinder aus aller Herren Länder aus ihrer Heimat mitgebracht haben. Cliquen gibt es nicht.

«Niemand scheint sich hier darüber aufzuregen, wenn jemand ‹anders› ist, denn wir sind ja *alle* anders», sagt die Leiterin Kami Walters, eine energische messianische Jüdin, die aus Florida gekommen ist, um diesen einzigartigen Dienst zu tun. «Es gibt keine dominante Nationalität oder Kultur. Das hilft uns, uns darüber zu freuen, wie groß unser Gott ist. Er malt nicht nur mit einer Farbe; er schafft ein wunderschönes Wandgemälde.

Oder um eine andere Metapher zu verwenden, wir sind ein bunter Bildteppich. Das gefällt uns!»

Sie erinnert sich daran, wie ein kleiner arabischer Junge in der Gruppe der Dreijährigen furchtbar weinte. Er war noch nie im Kindergarten gewesen; ja, bisher hatte ihn seine Mutter kaum jemals aus den Augen gelassen. Nun brachte ihn seine neue Umgebung, in der es so viel zu sehen und zu hören gab, gehörig durcheinander.

Während er laut heulte, starrte ein kleiner jüdischer Junge russischer Herkunft quer durch den Raum zu ihm hinüber. Dann ging er zu ihm hin und gab ihm spontan einen Kuss auf die Stirn. Prompt machte ein Kind aus Äthiopien es ihm nach. Binnen weniger Minuten hatten die meisten aus der Gruppe es ihnen gleichgetan.

«Ich stand da und dachte an jene Bibelstelle, wo es über den Leib des Messias heißt: ‹Leidet ein Teil des Körpers, so leiden alle anderen mit, und wird ein Teil geehrt, freuen sich auch alle anderen› (1. Korinther 12,26)», sagt Kami. «Das Kind war sofort getröstet. Wenn Sie diesen kleinen Jungen heute als Teil der Kindergartengruppe sehen würden, würden Sie nicht herausfinden, welcher von ihnen der damalige Dreijährige ist.»

Wenn meine Tochter Farah vor westlichem Publikum von diesem Kindergarten erzählt, sagt sie: «Diese Kinder wissen nichts von ‹meinem Land› oder ‹deinem Land›. Sie kennen nur ‹mein Geländewagen und dein Geländewagen – also lass uns Geländewagen spielen!› Sie leben fröhlich Tag für Tag in Frieden zusammen.»

In drei Sprachen

Little Hearts wurde 2011 eröffnet. Heute werden dort etwa fünfundsechzig Kinder betreut, angefangen mit dreieinhalb Monate alten Babys in der Tagesbetreuung, bis sie soweit sind, mit fünf oder sechs Jahren in die Schule zu kommen. Manche internationale Kinder bleiben vielleicht noch ein oder zwei Jahre länger, wenn ihr Hebräisch noch nicht reif ist für ein israelisches Klassenzimmer.

Unsere Einrichtung wird nicht als «christlicher Kindergarten» beworben (eigentlich wird sie überhaupt nicht beworben; sie gewinnt ihre Klientel einfach dadurch, dass Leute von ihr weitererzählen). Aber Kami Walters und ihre Mitarbeiterinnen machen keinen Hehl daraus, dass sie hier biblische Geschichten erzählen. Die Liebe Gottes ist ein Zeugnis für sich. Die Erzieherinnen haben einen starken Glauben an Jesus, den Messias, und der Friede, den sie mit den Kindern demonstrieren, ist nicht zu übersehen.

> Diese Kinder wissen nichts von «meinem Land» oder «deinem Land». Sie kennen nur «mein Geländewagen und dein Geländewagen – also lass uns Geländewagen spielen!» Sie leben fröhlich Tag für Tag in Frieden zusammen.

Jeden Morgen gibt es eine «Bibelzeit», in der Geschichten aus dem Alten und Neuen Testament erzählt werden, oft unterstützt durch bunte Bilder. Manche Lieder werden in allen drei Sprachen gesungen, eine Strophe für jede Sprache; andere Lieder nur in einer Sprache – mal eines auf Englisch, mal eines auf Arabisch, mal eines auf Hebräisch. In der Gebetszeit werden die Kinder eingeladen, nicht nur zuzuhören, sondern sich selbst zu beteiligen. «Wenn du heute ein Gebet sprechen möchtest», sagt die Leiterin, «dann komm bitte und stell dich in die Reihe.»

Die Kinder stürmen nach vorn und warten, bis sie dran sind. Die Leiterin tippt einem nach dem anderen auf den Kopf als Signal zum Beten. Manche der Gebete sind von natürlicher

Schlichtheit: «Danke, Gott, für Mama und Papa und ...» Andere hingegen sind überraschend tief; die Kinder beten für die Sicherheit Jerusalems, für das Land und sogar für die Terroristen, von denen sie in den Nachrichten gehört haben.

In den Gruppen werden die jungen Gehirne ständig mit dreisprachigem Input versorgt. Zum Beispiel hängen an einer «Wörterwand» Bilder von Nutztieren – eine Kuh, ein Schaf, ein Huhn, ein Esel –, und jedes bekommt nicht nur ein, sondern drei Etiketten mit seinem Namen. «Unsere erste Unterrichtssprache ist Hebräisch», erklärt Kami Walters, «weil die meisten dieser Kinder in eine hebräischsprachige Schule gehen werden. Unsere arabischen Eltern wünschen sich das ausdrücklich für ihre Kinder. Ein weiterer Schwerpunkt liegt auf Englisch, um den Kindern bessere Chancen auf einen guten Job zu verschaffen, wenn sie erwachsen sind. Was das Arabische angeht, versuche ich, im Budget Gelder bereitzustellen, um auch für diesen Bereich mehr Lehrerinnen zu beschäftigen.»

Kami Walters hat ihre Berufsausbildung im Bereich der Sprachpathologie absolviert. Sie weiß also, wie wichtig es ist, frühzeitig mit Sprache in Berührung zu kommen. «Ich möchte die Neuronen in ihren jungen Gehirnen zum Glühen bringen, damit sie den typischen Klang jeder Sprache erkennen lernen. Als gemeinsame Lektüre gibt es bei uns jeden Monat ein Buch. In den ersten beiden Wochen lesen wir es auf Hebräisch; in der nächsten Woche lesen wir dieselbe Geschichte auf Englisch; und schließlich in der letzten Woche dieselbe Geschichte auf Arabisch. Mit ihren kleinen Ohren und Köpfen picken sie das rasch auf.»

Juden und Araber gemeinsam

Den Kindern entgeht auch nicht, dass es in jeder Gruppe zwei Erzieherinnen gibt, und davon ist eine Jüdin und eine ist Araberin, und sie merken auch, dass wir das ganz bewusst so machen. Die Atmosphäre in den Räumen von Little Hearts steht im scharfen Gegensatz zu der Welt draußen, zumal der Kindergarten sich genau auf der Grenze zwischen dem ultraorthodoxen Viertel Mea Schearim und einem arabischen Viertel befindet.

Gleich um die Ecke wurde letzthin ein Jude von einem überreizten Palästinenser mit einem Schraubenzieher erstochen. Eine Haltestelle weiter raste ein Auto in eine Menschenmenge, die gerade in die Straßenbahn einsteigen wollte. Überall in der Umgebung werden Kinder und ihre Familien mit Aggression und Feindseligkeit konfrontiert.

> Gleich um die Ecke von unserem Kindergarten wurde letzthin ein Jude von einem überreizten Palästinenser mit einem Schraubenzieher erstochen.

Eine arabische Erzieherin war eines Morgens mit ihrem Sohn auf dem Weg zur Arbeit, als plötzlich Steine gegen die Fenster ihres Zuges prallten. Der Zug hielt natürlich mit quietschenden Bremsen, und die Polizei eilte herbei. Das Kind fing an zu schreien, und die Mitarbeiterin, selbst in Tränen, holte ihr Telefon hervor, um Kami Walters zu informieren, dass sie sich verspäten würde.

«Die nächste Person, die in mein Büro kam», erinnert sich Kami, «war ein jüdischer Vater. Sobald er hörte, was passiert war, sagte er ohne Zögern: ‹Rufen Sie sie zurück und sagen Sie ihr, dass ich sie holen komme.›» Und schon war er zur Tür hinaus und auf dem Weg zu seinem Auto, um der Araberin und ihrem Sohn zu Hilfe zu eilen.

Das liegt daran, dass die Eltern und die Mitarbeiter einander kennengelernt und Vertrauen zueinander gefasst haben, ungeachtet aller religiösen Differenzen. Dreimal im Jahr versammeln sich alle zu einer gemeinsamen Feier. Der erste Anlass ist der Begrüßungsabend, an dem die Familien über das Programm informiert werden und die Erzieherinnen kennenlernen – Araber und Juden, die zum Wohle ihrer Kinder zusammenarbeiten. Telefonnummern werden ausgetauscht, und erst kürzlich gaben die Eltern ihr Einverständnis, dass Little Hearts eine vollständige Adressenliste aufstellt, die an jeden Haushalt verteilt wird.

Im Dezember wird Hanukkah/Weihnachten gefeiert. Trotz der beengten Verhältnisse lädt der Kindergarten alle zu einem Mitbring-Picknick ein. Die neunarmige jüdische Chanukkia wird angezündet, und der Bericht über die Geburt Jesu aus dem Lukasevangelium wird laut vorgelesen. Alle gemeinsam singen die Lieder dieser besonderen Zeit.

Zum Abschluss des Kindergartenjahrs gibt es einen weiteren festlichen Anlass: Die Kinder singen und tanzen für ihre Familien, und unter tosendem Applaus wird der Name jedes Kindes verlesen und eine Urkunde überreicht.

Immer wieder hört man erwachsene Besucher sagen: «Ich

empfinde einen solchen Frieden hier.» Die liebevolle gegenseitige Annahme scheint die ganze Atmosphäre zu durchdringen.

Aus diesen formellen Anlässen entwickeln sich private Kon-
takte: Muslime laden jüdische und christliche Familien in ihre
Häuser ein oder umgekehrt. Sie gehen gemeinsam mit ihren
Kindern in die Parks. Die Erwachsenen unterhalten sich offen
über ihre gemeinsamen Interessen und Anliegen, während die
Kinder spielen.

Eine Zuflucht im Sturm

Das soll nicht heißen, dass Little Hearts vor den Realitäten einer
gefährlichen Welt die Augen verschließen würde: Regelmäßig
finden Raketenübungen statt, um die Kinder innerhalb von
neunzig Sekunden in einen Bunker zu bringen. Dort füllen die
Erzieherinnen die Zeit mit gemeinsamen Lobpreisliedern und
Gebeten. Manche Kinder, besonders die jüngeren, verstehen
nicht ganz, worum es dabei geht. Anderen dagegen ist das sehr
wohl bewusst, besonders, wenn ihre Eltern sie über die Konflikte aufgeklärt haben.

Ein Junge sprach während einer solchen Übung ein sehr tref-
fendes Gebet: «Herr, bitte hilf den Leuten, dass sie uns nichts
tun wollen. Hilf allen, dass sie lieben lernen.» Diese unschuldigen Kinder und ihre Familien entscheiden sich bewusst dafür,
ihre Nachbarn nicht zu hassen, sondern zu lieben, und für ihre
Feinde zu beten.

Eine Familie jedoch nahm ihre Kinder nach einem Raketenangriff aus dem Kindergarten und sagte: «Das war's – wir verlassen das Land.» Auf der anderen Seite schrieb ein jüdisches Ehepaar in einem Empfehlungsschreiben: «Die Erzieherin unserer Tochter war eine arabische Christin. Während der unglaublichen Spannungen um den Gazakrieg im Sommer 2014 war die tägliche, normale Gemeinschaft bei Little Hearts wie eine friedliche Oase inmitten all dieser Gewalt. Während die Welt sich durch den Krieg und die Medien polarisierte, erlebten wir echte Liebe und Einheit.»

Alle Mitarbeiterinnen hätten sich Sorgen machen können, wer auf dem Heimweg den nächsten Schraubenzieher in den Rücken bekommen würde. Jede von ihnen hätte ängstlich das Gesicht jedes jungen Mannes mustern und sich fragen können, ob er ein Terrorist ist, oder hätte die Handtasche jeder jungen Frau anstarren und sich fragen können, ob darin vielleicht ein Sprengkörper verborgen war. Stattdessen entschieden sie sich, jedem Menschen mit Liebe zu begegnen und die nächste Generation dazu anzuleiten, es genauso zu machen.

Und die Kinder bekommen eine höhere Vision mit auf den Weg. Kami Walters erinnert sich besonders gern an den Tag, als sie über den Spielplatz ging und drei oder vier Kindergartenkinder ihr zuriefen: «*Savta!* (Großmutter!) Komm und schau, was wir machen!» Sie trat in ihren Kreis und erfuhr, dass sie «Haus» spielten.

«Willst du unsere Zimmer sehen?», fragten sie.

Ja, natürlich. Und der imaginäre Rundgang begann.

«Also, das ist unser Wohnzimmer! …»

«Und das ist unsere Küche! …»

«Und das ist unser Gebetszimmer! …»

Am Ende schließlich deuteten sie zum Himmel empor und erklärten: «Und da halten wir Ausschau, ob Jesus wieder-kommt …»

Ausnahmsweise war die Kindergartenleiterin einmal sprach-los. Sie nahm die Kinder in den Arm und versuchte die Freuden-tränen zurückzuhalten, die ihr in die Augen stiegen.

Der Blick nach vorn

Wenn ich mir heute die Kinder von Little Hearts anschaue, frage ich mich, welche von ihnen wohl in der Zukunft zu führenden Persönlichkeiten heranwachsen werden. Welche dieser Jungen oder Mädchen werden das Leben für *alle* Völker des Nahen Ostens besser machen? Kindern von vier und fünf Jahren beizubringen, ihre Nächsten nicht zu hassen, sondern zu lieben, ist eine langfris-tige Strategie. Und die ganze Zeit schauen ihre Eltern (und Tanten, Onkel und Großeltern) dabei zu und lernen mit.

Denn wer ist überhaupt unser Nächster? Mohammed sagte, das seien alle, die bis zu vierzig Häuser weit vor mir, hinter mir und zu meiner Rechten und Linken wohnen.[79] Wir sagen, es geht noch viel weiter. Es schließt die Menschen, die uns nicht mögen, genauso ein wie die, die uns mögen. Juden, Palästinen-ser, andere ethnische Gruppen – sie alle sind unsere Nächsten.

Welchen Sinn hat es, um Land zu kämpfen, wenn wir die nächste Generation an die Verzweiflung und den Zynismus verlieren? Das Herz eines Kindes ist unendlich viel mehr wert als aller Grund und Boden.

Kindern von vier und fünf Jahren beizubringen, ihre Nächsten nicht zu hassen, sondern zu lieben, ist eine langfristige Strategie. Und die ganze Zeit schauen ihre Eltern dabei zu und lernen mit.

Kapitel 16
Agenten der Veränderung

Vierzig Minuten Autofahrt nordöstlich von Little Hearts beginnt für doppelt so viele Kinder im Jordantal ebenfalls ein neuer Kindergartentag. Lächelnd und mit herzlichen Umarmungen begrüßen die Erzieherinnen ihre Schützlinge zu einem aufregenden Tag voller Lernen, Singen und gemeinsamem Spiel.

Es gibt jedoch einen Unterschied: Hier gibt es keine jüdischen Kinder. Das liegt daran, dass wir uns tief innerhalb der Westbank in der historischen Stadt Jericho befinden. Doch die Botschaft der Harmonie im täglichen Zusammenleben ist hier genauso notwendig, auch ohne dass Israelis dabei sind. Man kann nie früh genug damit beginnen, ein Klima der Akzeptanz und Gnade aufzubauen.

Khader, der Betriebsleiter von Seeds of Hope in der Westbank, hat von Anfang an den Ton vorgegeben. Den Skeptikern versprach er, wenn irgendetwas mit ihren Kindern danebenginge, würden sie ihre Gebühren zurückerhalten. Inzwischen hat sich herumgesprochen, wie freundlich die Kinder behandelt werden, wie viel sie lernen, wie rasch ihre englischen Sprachkenntnisse zunehmen. Der frühzeitige Beginn des Englischunterrichts war ein sehr zugkräftiger Faktor, den andere Kindergärten in der Stadt nicht zu bieten hatten. Es entstand eine Warteliste.

Zu unserer Freude fanden wir eine erstklassige Leiterin, Jessica Baboun Hattar aus Jordanien, die den Inhaber eines Schreibwarenladens in der Stadt geheiratet hatte. Als erfahrene Lehrerin, die für Englisch als Fremdsprache ausgebildet war, musste sie erst davon überzeugt werden, an unseren gerade erst gegründeten Kindergarten zu kommen. Doch nachdem sie sich erst einmal entschieden hatte, stürzte sie sich mit ganzer Kraft darauf, den Lehrplan zu organisieren, Mitarbeiter einzustellen und sie dann zu schulen. Ein Raum wurde zum Fantasieraum erklärt, mit einer naturwissenschaftlichen Laborstation in einer Ecke. Ein anderer Raum wurde fürs Geschichtenerzählen reserviert und erhielt ein Marionettentheater.

Außerdem zeigte sich, dass sie hervorragend auf die Fragen der Öffentlichkeit antworten konnte. Was sie sagte, leuchtete den Leuten ein. In ganz Jericho wurden die Leute auf Jessicas professionelle Fähigkeiten aufmerksam. Und ihr hochklassiges, ja trendiges Image schadete auch nicht.

«Wir geben unseren Kindern viel Fürsorge und viel Liebe», sagt sie. «Wir schreien sie niemals an und schlagen sie nicht – obwohl Körperstrafen in den Bildungseinrichtungen hier erlaubt sind. Stattdessen würdigen wir, was sie zu sagen haben; wir hören uns ihre Meinung an. Wir bringen ihnen bei, über Dinge abzustimmen. All das ist sehr ungewohnt für diese Kultur.»

Wenn die Kinder zum Beispiel einen Ausflug machen und an einem Restaurant halten, dürfen sie ihre Hände heben und um etwas bitten. Normalerweise würde in einer arabischen Familie die Mutter alle Bestellungen für ihre Kinder vornehmen.

«Wenn ein Kind gut zeichnen, tanzen oder singen kann, beachten wir das und konzentrieren uns darauf. Einmal hatten wir einen schmächtigen kleinen Jungen, der im Lernen ziemlich schwach war. Im Unterricht meldete er sich nie zu Wort. Wir gaben ihm Einzelförderung und bemühten uns sehr um ihn. Mit seinen Eltern hatten wir das ganze Jahr über Schwierigkeiten.

Aber dann fanden wir heraus, dass er unglaublich gern tanzt. Beim Abschluss ließen wir ihn in drei verschiedenen Tänzen auftreten. Er war großartig! Und die Eltern waren geschockt. ‹Ist das der Junge, über den wir das ganze Jahr geredet haben?›, fragten sie. ‹Wir hätten nie gedacht, dass aus ihm noch mal etwas wird. Wie haben Sie ihn dazu gebracht?›»

Werte in Aktion

Einen formellen Bibelunterricht wie bei Little Hearts in Ostjerusalem gibt es hier nicht – aus dem einfachen Grund, dass jeder «religiöse» Unterricht, den wir hier erteilen würden, von Gesetzes wegen den Islam in den Mittelpunkt stellen müsste. Natürlich weiß jedermann in der Stadt, dass der Kindergarten von Christen betrieben wird. Wenn Eltern uns nach unseren Motiven fragen, sagen wir: «Ja, wir sind Nachfolger Jesu – das streiten wir nicht ab. Aber wir sind hier, um euren Kindern Liebe entgegenzubringen und sie mit guten Dingen anzufüllen. Wir versichern euch, dass hier nichts heimlich hinter eurem Rücken geschieht.» Und mit der Zeit entsteht Vertrauen, und Mauern werden abgetragen.

Ein Vater sagte uns in der Anfangszeit: «Meine Nachbarn sagen immer, ich schicke meine Tochter in ein Kloster, und ihr werdet eine Nonne aus ihr machen! Aber ich habe die Ergebnisse gesehen. Ich sage ihnen, dass sie keine Ahnung haben, wovon sie reden. Ich kann meine Entscheidung rechtfertigen.»

Wenn Eltern uns nach unseren Motiven fragen, sagen wir: «Ja, wir sind Nachfolger Jesu – das streiten wir nicht ab. Aber wir sind hier, um euren Kindern Liebe entgegenzubringen und sie mit guten Dingen anzufüllen.»

Was wir *allerdings* im Unterricht behandeln, ist eine Reihe von Werten. Alle zwei Wochen rückt einer in den Mittelpunkt. Wenn es zum Beispiel darum geht, alten Menschen zu helfen, sagen wir: «Es spielt keine Rolle, ob ein alter Mensch schwarz oder weiß, jüdisch oder muslimisch oder christlich ist. Es gehört sich, jedem von ihnen zu helfen. Wenn ihr eine alte Frau seht, die sich auf dem Weg vom Einkaufsladen nach Hause mit schweren Taschen abschleppt, dann helft ihr dieser Frau.»

Einmal veranstalteten wir ein Rollenspiel, bei dem sich Jessica als alte Frau aus Amerika verkleidete, während eine Erzieherin eine muslimische Großmutter spielte. «Wir beide brauchen Hilfe», sagte Jessica zu den Kindern. «Es gehört sich, uns beiden zu helfen.»

Ein anderer Wert in dieser Reihe ist Ehrlichkeit. Wieder ein anderer ist Barmherzigkeit. In der Woche vor Weihnachten gab es einen Vortrag über Kinder in aller Welt, die keine Spielsachen und wenig zum Anziehen haben. Jessica ging jeden Tag mit einem Sparschwein von Raum zu Raum und sammelte Schekel, Halbschekel oder andere Münzen ein, die dann in ein Waisenhaus in Bethlehem gebracht wurden. «Ihr könnt auch Spielsachen mitbringen, mit denen ihr nicht mehr spielt», fügte sie hinzu. «Wenn ihr zwei Spielzeugautos habt, könnt ihr eines davon einem Kind abgeben, das gar keines hat.»

Am Ende der Zeit zum Thema Barmherzigkeit waren fast 1000 Schekel (etwa 235 Euro) gesammelt worden, und außerdem über fünfzehn große Säcke mit Kleidungsstücken und Spielsachen.

Auf diese Weise nehmen wir die Aussagen der Bibel und demonstrieren sie den Kindern. Und heraus kommt dabei im Laufe der Zeit ein verändertes Kind, das gelernt hat, dass Liebe besser ist als Hass und Frieden besser als Krieg.

Jessica erinnert sich, wie sie an einem stadtweiten Kindergartenfestival teilnahm, das vom Bildungsministerium veranstaltet wurde. Jeder der etwa fünfundzwanzig Kindergärten in der Stadt durfte Lieder, Tänze oder kurze Sketche aufführen. Mindestens sieben verschiedene Beiträge in der Show befassten sich mit den Einschränkungen des Lebens in der Westbank. In einem Sketch spielten zwei kleine Jungen mit militärischen Kopfbedeckungen und großen «Gewehren» in der Hand israelische Soldaten an einem Kontrollpunkt. Finster starrten sie der Schlange der Passanten entgegen, die auf sie zukam: ein frisch verheiratetes Ehepaar, eine ältere Frau in traditioneller Tracht mit einem Korb auf dem Kopf, ein Student. Die beiden Soldaten fingen einen Streit mit einem der Männer in der Schlange an und schlugen mit ihrem Gewehrkolben auf ihn ein, bis er schließlich dort am Kontrollpunkt starb.

Das Publikum im Saal applaudierte für den Sketch. Jessica dagegen erzählt: «Ich saß da und weinte! Man sollte Fünfjährige nicht mit Hass füttern. Bei Seeds of Hope lehnen wir das grundsätzlich ab. Wir bringen den Kindern bei, alle Menschen zu lieben und zu respektieren, selbst wenn wir das, was sie tun, schrecklich finden.

Wenn unsere Kinder Streit miteinander bekommen, wie es in jeder Kindergruppe ab und zu passiert, kann es sein, dass einer sagt: ‹Ich hasse den!› Darauf antworten wir: ‹Nein, du hasst ihn nicht. Dir gefällt bloß nicht, was er getan hat. Und nun möchte ich, dass du ihn um Entschuldigung bittest für das, was du gerade gesagt hast.›»

Freiwillige Helfer sind unverzichtbar

Westliche Leser werden solche Bemühungen vielleicht mit Wertschätzung, aber auch mit einer gewissen Distanz betrachten. Schließlich könnten sie selber eine solche Arbeit niemals tun; sie sprechen ja nicht einmal Arabisch oder Hebräisch.

Aber das stimmt nicht. Seeds of Hope in Jericho wird von einem stetigen Strom von Freiwilligen aus Europa und Amerika unterstützt – von Erwachsenen, die einfach Kinder lieben und zu einer Lösung für den Nahen Osten beitragen wollen, statt nur aus der Ferne zuzusehen. Was braucht man denn schon groß an Sprachkenntnissen, um Kindern das Fußballspielen beizubringen? Besonders, wenn man einen einheimischen Teamkollegen neben sich hat, der gelegentlich einen Satz übersetzen kann.

Zum Beispiel Regina Gasser – eine hochgewachsene Schweizerin mit langen blonden Haaren, die nur zu einem kurzen Einsatz kommen wollte und schließlich ihr Herz an die Kinder verlor. Sie ist ein absoluter «Kindermagnet» – sobald sie auftaucht, hat sie eine Schar von Kindern um sich. Das hat auch seinen Grund, wie eine palästinensische Mutter ihr voller Staunen sagte: «Du liebst meine Kinder mehr als ihre eigene Oma! Und dabei kennst du sie noch gar nicht so lange.»

Wenn Regina den Kindern beibringt, ihre Nächsten zu lieben und zu respektieren, sagt sie: «Schaut mich an – ich bin keine Araberin. Ich habe blonde Haare. Ich bin anders als ihr. Bin ich deshalb weniger wert?»

«Nein, Regina!», antworten die Kinder im Chor.

«Gott hat dich und mich und uns alle geschaffen», fährt sie dann fort und leitet vielleicht zu einer Geschichte über, die diesen Punkt deutlich macht. Wenn sie dann am Ende fragt: «Was habt ihr heute gelernt?», geben die Kinder ganz klare Antworten:

«Wir wollen alle Menschen lieben.»

«Wir wollen uns nicht über andere Leute lustig machen.»

«Wir wollen nicht auf andere Leute herabsehen, weil sie anders sind als wir.»

Die Eltern bekommen bald mit, wie sich die Haltung ihrer Söhne und Töchter verändert. Es ist sogar schon vorgekommen, dass Mütter zu Jessica, der Leiterin, kamen und fragten: «Wer ist diese Regina? Meine Tochter konnte letzte Nacht nicht schlafen und rief aus ihrem Bett: ‹Regina! Regina!› Was hat es damit auf sich?»

Jessica erklärt dann gern, dass diese Regina eine unserer freiwilligen Helferinnen ist. Und ehe wirs uns versehen, laden die Mütter Regina zu sich nach Hause ein. Sie wollen wissen, warum sie die wunderschöne Schweiz verlassen hat, um in der Wüste zu leben – und ihr Bild vom Westen beginnt sich zu verändern. Vielleicht sind dort doch nicht alle so besessen von dem, was sie in den Hollywood-Filmen gesehen haben: Sex, Alkohol, Waffen, Drogen.

Wenn dann die brennende Frage gestellt wird, kann Regina ganz offen antworten: «Der Herr hat mich hierher gerufen, um ein Segen für euch und eure Kinder zu sein.» Bei den folgenden Besuchern ergeben sich dann immer mehr Fragen. Schließlich kann man eine arabische Mutter sagen hören: «Ich sehe etwas Besonderes an dir. Ich möchte meine Kinder so behandeln wie du. Wie geht das?»

> Während sie uns beobachten, beginnt ihr Bild vom Westen sich zu verändern. Vielleicht sind dort doch nicht alle so besessen von dem, was sie in den Hollywood-Filmen gesehen haben: Sex, Alkohol, Waffen, Drogen.

Die Kinder im Kindergarten stellen ebenso bohrende Fragen. Als ein Junge eines Tages Reginas Halskette mit dem Kreuz bemerkte, fragte er mit piepsiger Stimme: «Ist das dein Schwert?»

«Naja, so ähnlich!», erwiderte sie lachend.

Ein Mädchen kam nach Hause und fragte ihre Mutter, warum Regina ein Kreuz trägt. Die Mutter antwortete: «Nun, sie glaubt, dass Jesus an dem Kreuz starb.» Das Mädchen hatte schon vorher Kruzifixe gesehen, aber an diesem war etwas anders, fand sie. Am nächsten Tag kam sie wieder in die Schule und fragte nach:

«Wo ist der tote Mann? Warum hängt er nicht an dem Kreuz?»

Regina konnte nur eine direkte Antwort geben. «Nun, weil er jetzt wieder lebt! Deshalb ist das Kreuz leer.» Und so fand ein weiteres Puzzleteil des Evangeliums seinen Platz.

Worte sorgfältig wählen

Stevie Norris, eine junge Frau von der Westküste der USA, war 2009 unsere erste freiwillige Helferin. Sie hatte eigentlich gar nicht so lange bleiben wollen, aber sie verlor ihr Herz an die Arbeit – und mit der Zeit an Khader Ghanem, den sie im Oktober 2011 heiratete. Sie hat vollkommen recht, wenn sie sagt: «Wir gehen hier achtsam mit unseren Worten um – wie wir über andere Leute reden. Wir halten uns mit unserer persönlichen Meinung zurück und versuchen, keine Partei zu ergreifen. Wenn ein Junge oder Mädchen im Flüchtlingslager etwas Unfreundliches über Juden sagt (was nur widerspiegelt, wie sie erzogen worden sind), dann antworten wir: ‹Weißt du, was? Wir haben tatsächlich auch Freunde da drüben, die euch lieben und für euch beten. Sie würden euch sogar eines Tages gerne kennenlernen, wenn das möglich wäre.› Dann erzählen wir ihnen von Little Hearts, dem Kindergarten in Jerusalem.

Auf diese Weise versuchen wir, den Herrn über uns alle zu ehren. Das ist wirklich eine Horizonterweiterung hier in Jericho.»

Etliche der Erzieherinnen und Helferinnen bei Seeds of Hope in Jericho sind nach wie vor gläubige Muslime, auch wenn sie die Philosophie übernommen haben, Kinder zu zukünftigen Friedensstiftern zu machen. Sie arbeiten gut mit den arabischen christlichen Mitarbeitern und den internationalen Freiwilligen zusammen, die dieselbe Mission haben.

Eines Tages während ihres ersten Jahres brachte Regina sie alle zum Lachen, indem sie von einem Fauxpas erzählte, der ihr am Ostersonntag im Gottesdienst passiert war. An einer Stelle in der Liturgie sollte der Pastor sagen: *Il masih qam* («Christus ist auferstanden»), worauf die Gemeinde antworten sollte: *«Hakan qam»* («Wahrhaft auferstanden»). Reginas Arabisch war zu diesem Zeitpunkt noch im Werden. Als der Pastor *«Il masih qam»* sagte, platzte sie ohne zu überlegen heraus: *«Anjad⸮!»* («Wirklich⸮!») Die ganze Gemeinde brach in schallendes Gelächter aus.

Und das taten auch die Kolleginnen,, als Regina den Witz über sich selbst erzählte. Am lautesten lachte eine muslimische Erzieherin, die die Geschichte später ihrer ganzen Familie weitererzählte. Als Regina das nächste Mal dort zu Gast war, bestürmten die Familienmitglieder sie mit der Frage: «Erzähl uns, was du Ostern in der Kirche gesagt hast! Wir wollen die Geschichte von dir selber hören.» Das gab Anlass zu einem großartigen Gespräch und einer wunderbaren Gemeinschaft.

Den Einfluss ausweiten

Je älter ein Kind ist, desto mehr Fortschritte kann es machen. In unserem Kulturzentrum, wie wir es nennen, einem Nachmittagsprogramm für Kinder bis zu dreizehn Jahren, unterrichten wir Mathematik für Fortgeschrittene, Umgang mit dem Computer und Charakterbildung. Junge Leute erhalten Gelegenheit, ihre Kreativität durch Kunst und Theater auszudrücken – und dafür Beifall zu bekommen. Wir machen Ausflüge zu historischen Stätten in der Nähe, die zum Teil biblische Wurzeln haben – die Elisa-Quelle zum Beispiel (siehe 2. Könige 2,19–22), aus der nach all diesen Jahrhunderten *immer noch* frisches Wasser sprudelt. Wir können die Geschichte des Berges der Versuchung erklären, der am östlichen Rand von Jericho aufragt. Diese Kinder haben ihr ganzes Leben lang in seinem Schatten gelebt, aber viele von ihnen haben noch nie die Geschichte von der vierzigtägigen Versuchung Jesu gehört, die der Tradition zufolge hier stattgefunden hat.

In einem Frühjahr beschlossen Regina und zwei unserer männlichen Freiwilligen, drei Nächte lang mit diesen älteren Kindern in der Wüste zu zelten. Auf diese Weise konnten sie in entspanntem Rahmen mehr Zeit miteinander verbringen und sich unterhalten, während sie wanderten, Spiele spielten und abends am Lagerfeuer saßen.

Als das Vorhaben angekündigt wurde, waren die Familien fassungslos. «Was? So etwas ist noch nie für unsere jungen Leute gemacht worden.» Aber sie unterschrieben die Einverständniserklärungen, und der Ausflug erwies sich als riesiger Erfolg.

Ein Mädchen aus einer privilegierten Familie (der Großvater ist ein hoher Beamter bei der Palästinensischen Autonomiebehörde) war mit dabei, obwohl ihre Mutter Angst davor gehabt hatte, sie mitgehen zu lassen. Sie kam wunderbar zurecht. Hinterher kam die Mutter staunend zu unseren Mitarbeitern. «Seit sie wieder da ist, macht sie selber ihr Bett; sie räumt sogar unaufgefordert den Tisch ab – ich kann es nicht glauben!»

Stellen Sie sich vor, wie es wird, wenn diese hochangesehene Frau davon in ihren Kreisen weitererzählt.

Andere Eltern sagen hin und wieder zu einem Mitarbeiter: «Leute wie euch haben wir noch nie getroffen. Es liegt nicht daran, dass ihr aus dem Westen seid. Da ist etwas anderes an euch … bei euch herrscht eine Atmosphäre, die wir so noch nie gespürt haben. Hier herrscht Friede.»

Und das öffnet uns die Tür, um zu antworten: «Das, was ihr spürt, ist in Wirklichkeit Gottes Liebe. Dass wir aus dem Westen sind, hat nichts damit zu tun. Aber Gott lebt in uns – und das macht den Unterschied.»

Manche drängen uns sogar, ein Internat zu gründen, damit ihre Kinder bei Seeds of Hope leben können. Bisher sehen wir nicht, dass unser Dienst sich in diese Richtung entwickeln sollte, aber wir finden immer wieder neue Wege, um zu expandieren. Zum Beispiel haben wir ein weiteres Vorschuljahr hinzugefügt. Nachdem wir über hundert Kinder hatten (mit noch mehr Kindern auf der Warteliste), mussten wir für die Vorschule ein anderes Gebäude in der Stadt finden. Wir haben auch einen Minibus mit zwanzig Sitzen angeschafft, um das Transportproblem für die Kinder zu lösen, deren Eltern sie nicht in die Schule bringen können. 2012 zeichnete das Bildungsministerium unsere Einrichtung als *«Besten Kindergarten im Bezirk Jericho»* aus.

Im Zuge eines weiträumigeren Engagements konnten wir uns mit der Gruppe «Kids around the World» in Illinois zusammentun, die amerikanische Spielplatzeinrichtungen in bedürftigen Vierteln in aller Welt installiert. Sie sammelt Schaukeln, Rutschen und Klettergerüste, die ersetzt werden, unterzieht sie einer gründlichen Sicherheitsinspektion, bereitet sie auf, so dass sie aussehen wie neu, und entsendet dann Freiwillige aus Kirchengemeinden, um sie an Orten zu installieren, wo es nichts Derartiges gibt.

Dank dieser Partnerschaft konnten wir vier verschiedene Spielplätze rund um Jericho und Bethlehem einrichten, alle im Namen von Seeds of Hope. Wir sind sehr dankbar für dieses Geschenk – und die Kinder ebenso.

Ein Abend voller Staunen

Ich wünschte, jeder Leser könnte die Freude und den Stolz erleben, die am Abend der Abschlussfeier den angemieteten Saal erfüllen. Arabische Mütter, Väter, Großeltern und die Geschwister unserer Kinder erscheinen in ihren besten Kleidern, um die dreihundert Plätze zu besetzen – oder während der Zeremonie zu stehen, wenn nötig. Überall erschallt der begeisterte Gruß *«Salaam! Salaam!»* («Friede!»), und die üblichen Küsse auf beide Wangen werden getauscht. Auch wer kein Wort Arabisch versteht, kann sich der festlichen Atmosphäre nicht entziehen.

In der ersten Reihe sitzen die Würdenträger, von einem katholischen Priester im Talar über den uniformierten Polizeichef bis hin zum Bildungsminister. Bald ertönt die typisch arabische Musik mit ihren komplexen Rhythmen und fließenden Mikrotönen, die für westliche Ohren so verwirrend sind (zwischen einem As und einem A zum Beispiel können zwei oder drei Tonhöhen liegen, die weder das eine noch das andere sind). Dann kommt die Prozession. Jessica Baboun Hattar geht mit majestätischen Schritten vor ihren kleinen Schützlingen, alle angetan mit Talaren und Doktorhüten, durch den Mittelgang nach vorn und hinauf auf die Bühne. Kameras und Handys kommen zum Vorschein, um Schnappschüsse zu machen. Die kleinen Gesichter strahlen; die kleinen Hände können sich das Winken nicht verkneifen.

Ein großes blaues Kulissenbild zeigt ein startendes Flugzeug mit der Aufschrift JA, IHR HABT ES GESCHAFFT! in großen bunten Lettern. Auf dem Programmzettel stehen zwanzig Punkte. Das bedeutet, dass all die Tänze, Sketche (zum Teil auf Englisch, um das Gelernte vorzuführen), Auszeichnungen für verschiedene Erzieherinnen und Ansprachen von Erwachsenen volle zwei Stunden in Anspruch nehmen werden. Der Bildungsminister würdigt besonders die Arbeit der Freiwilligen. Eine Kindergärtnerin bekommt das Mikrofon, um auch selbst eine kurze Ansprache zu halten, worauf das Publikum in tosenden Applaus ausbricht.

Schließlich werden die Urkunden überreicht. Fotografierende Eltern drängen sich an den Bühnenrand, um die besten Bilder aus nächster Nähe zu schießen. Ein Name nach dem anderen wird aufgerufen, und jedes Kind bekommt seinen Moment im Rampenlicht. Der Saal ist zum Bersten gefüllt mit feierlichem Jubel. Als auf dem Höhepunkt die Moderatorin das letzte Stichwort gibt, fliegen die Doktorhüte hoch in die Luft, und Hochrufe lassen die Wände erzittern.

Aber noch ist der Abend nicht vorbei. Es kommt ja noch der Empfang oben auf dem geräumigen Mezzanin, mit Kaltgetränken und arabischem Gebäck für alle. Eltern mit Blumensträußen in den Händen umarmen die Erzieherinnen, die das ganze Jahr über mit so viel Liebe und Annahme für ihre Kinder da waren. Kommunalpolitiker sprechen aufrichtig ihren Dank aus. Es dauert noch eine Stunde, bis die Menge sich allmählich hinaus in den warmen Abend verflüchtigt und mit erneuerter Hoffnung für die kommende Generation in ihre Häuser zurückkehrt.

Einen Abend lang werden politische Spannungen und Debatten über regionale Konflikte beiseite gelegt im Glanz der Freude darüber, dass die Kinder einer Region geliebt, versorgt und gesegnet werden.

Kapitel 17
Die Herzen Erwachsener erweichen

Erwachsene in aller Welt (nicht nur im Nahen Osten) können miteinander über alle möglichen Meinungsverschiedenheiten streiten und kämpfen: Politik, Geld, Land, Religion, Gerechtigkeit, Rassen, Geschichte ... Die Liste ließe sich endlos fortsetzen.

Ein Thema jedoch hat eine fast magische Kraft, Leute zu beruhigen, ihren Blutdruck zu senken (ganz zu schweigen von der Lautstärke ihrer Stimmen) und Gegner einander näherzubringen. Was ist dieses eine Thema?

Ihre Kinder. Ihre Hoffnungen für die nächste Generation.

Wenn Väter und Mütter anfangen, über die Welt nachzudenken, die sie ihren Kindern hinterlassen, wird ihre Haltung weicher. Jedenfalls haben wir das bei unserer Arbeit im Heiligen Land so erlebt. Was wir dort für kleine Jungen und Mädchen tun, zieht Kreise durch die ganze Gesellschaft und schafft Offenheit und Gesprächsbereitschaft.

Und bald erweitert sich der Fokus dieser Gespräche über die Kinder hinaus auf die Beziehungen unter den Erwachsenen. Hier sind einige Beispiele.

Einfach dienen

Eine große Reisegruppe kontaktierte uns und bot an, für ein paar Tage bei Seeds of Hope auszuhelfen, wo immer wir sie gebrauchen konnten. Wir kratzten uns am Kopf und überlegten, was wir für so eine kurze Zeit mit 150 Leuten aus dem Westen anfangen sollten.

Dann kam uns eine Idee: Wie wäre es, sie in Teams loszuschicken, um die Straßen der Stadt zu reinigen? Das wäre ein einfacher Dienst für die Stadt. Und es würde unsere Kernüberzeugung demonstrieren, dass unsere Berufung an diesem Ort nicht darin besteht, den Palästinensern Vorträge zu halten, sondern ihnen ein Segen zu sein.

Also beschafften wir einen Haufen Besen und Eimer und schickten die Freiwilligen los. Da gerade Sommer war, konnten die Temperaturen in Jericho (258 Meter unter dem Meeresspiegel) 45 Grad Celsius übersteigen. Unsere Freiwilligen beschwerten sich nicht. Es war auch die Zeit des Ramadan, in dem Muslime vom Morgengrauen bis zur Abenddämmerung fasten. Das führt natürlich dazu, dass sie weniger Energie haben.

Doch als die Anwohner aus ihren Fenstern schauten und sahen, wie unsere Freunde aus dem Westen den Abfall aus ihren Straßen fortkehrten, kamen sie heraus, um das Schauspiel staunend anzustarren. Mehr als einmal hörten wir: «Wer sind überhaupt diese Leute? Warum sind sie bereit, in der Sonnenhitze für unsere Stadt zu arbeiten?» Diese einfache Dienstleistung bot eine Gelegenheit, wieder einmal für unsere Nachbarn anschaulich zu machen, dass Gott seine Anhänger dazu motiviert, auch Fremden mit Liebe zu begegnen.

Medizinische Sprechstunden

Die Gesundheitsversorgung im Nahen Osten ist lückenhaft, und viele Leute können sich nicht einmal einen einzigen Arztbesuch leisten. Darum ist es ein großer Vorzug, wenn jeden Oktober und März Gemeindeteams von Ärzten, Krankenschwestern und Apothekern zu Besuch kommen. Wir machen diese fünftägigen kostenlosen Sprechstunden bekannt mit großen Transparenten auf den beiden Hauptdurchgangsstraßen, Ankündigungen in den sozialen Medien und sogar Werbespots im Radio. Im Laufe der Woche werden etwa fünfhundert bis siebenhundert Leute – größtenteils Erwachsene – bedient.

Natürlich ist bei jedem Termin ein Übersetzer erforderlich. Dazu rekrutieren wir zweisprachige Christen und auch einige zweisprachige Muslime. Ihre Begeisterung für diese Arbeit scheint mit jedem Mal zuzunehmen. Manche fragen immer wieder nach zusätzlichen Aufgaben, die sie übernehmen könnten, um zu helfen.

Die Apotheker kommen mit beträchtlichen Vorräten an gebräuchlichen Arzneimitteln, um sie auszugeben, nachdem die Ärzte ihre Diagnosen abgeschlossen haben. Natürlich lässt sich nicht jeder Fall an Ort und Stelle abschließen. Für Patienten, die eine längere und intensivere Behandlung brauchen, schreibt der

Arzt auf Besuch eine Behandlungsempfehlung für das örtliche Krankenhaus.

Der Direktor des palästinensischen Gesundheitsministeriums steht sehr positiv dazu und stellt den Mitgliedern der Teams befristete Lizenzen aus, damit sie hier als Ärzte praktizieren dürfen. Er erscheint sogar persönlich, um jedes Team willkommen zu heißen und den Leuten für ihr Kommen zu danken.

Es versteht sich, dass all dies in der Stadt sehr gut ankommt. Die Leute rechnen schon fest mit der nächsten Sprechstundenwoche und fragen uns: «Wann kommen denn die Ärzte wieder?»

Aus dem Schatten

Eine andere Gruppe namens GAIN (Global Aid Network) kommt jeden Januar mit Rollstühlen. Manche Behinderte haben ein genetisches Problem, während andere durch Krieg oder andere Gewalttaten verletzt wurden.

Aber GAIN überreicht nicht einfach nur die Hardware und lässt die Leute damit wieder zur Tür hinausrollen. Ärzte, Physiotherapeuten und Techniker beschäftigen sich ausgiebig mit den kleinsten Details, so dass jeder Rollstuhl für seinen Benutzer so gut wie möglich angepasst wird.

Als Erstes untersuchen die Ärzte die Patienten auf Druckstellen. Dann nimmt ein Physiotherapeut Messungen vor und legt die richtige Anpassung fest: Braucht diese Person eine Kopfstütze, um den Hals aufzurichten, der seit langer Zeit gekrümmt ist?

All diese Daten werden an den Techniker weitergegeben, der die notwendigen Einstellungen vornimmt. Das erfordert Zeit, was bedeutet, dass pro Tag nur etwa fünfzehn bis zwanzig Fälle bearbeitet werden können.

«Sehr viele Familien verstecken ihre behinderten Kinder», erklärte der Gouverneur. «Sie wollen nicht, dass ihre Nachbarn davon erfahren.»

In dem ersten Jahr, in dem diese Organisation kam, um uns zu helfen, hörte der Gouverneur davon und kam, um einen kurzen Begrüßungsempfang für das Team zu veranstalten. Eigentlich hatte er vor, nur fünf Minuten zu bleiben. Dann aber schaute er etwa fünfundvierzig Minuten lang bei der Arbeit zu, und am Ende hatte er Tränen in den Augen.

Ich fragte ihn: «Gibt es viele Leute mit Behinderungen in dieser Stadt?»

«Was Sie hier sehen, ist nichts im Vergleich zu dem, was in den Häusern versteckt ist», erwiderte er.

Ich fragte ihn, wie er das meinte.

«Sehr viele Familien verstecken ihre behinderten Kinder», erklärte er. «Sie wollen nicht, dass ihre Nachbarn davon erfahren. Manche Kinder werden sogar im Haus angekettet!»

«Herr Gouverneur, das müsste verboten werden!», rief ich.

Er stimmte mir zu, sagte aber, es sei fast unmöglich, ein solches Gesetz durchzusetzen, besonders unter den nomadischen Beduinen, die mit ihren Zelten von Ort zu Ort ziehen.

Dann fuhr er fort: «Das Handicap ist eine Schande für die Familie – besonders, wenn sie noch andere Kinder hat, die nicht behindert sind. Natürlich möchten die Eltern gern, dass ihre Kinder eines Tages heiraten. Aber wenn sich herumspricht, dass diese Familie ein behindertes Kind hat, wird man um alle Geschwister einen Bogen machen, aus Angst vor einer genetischen Störung, die womöglich noch weitere behinderte Nachkommen hervorbringt. Also muss das Geheimnis gewahrt bleiben.»

Inzwischen hatte auch ich Tränen in den Augen. Manche der Leute, denen an diesem Tag geholfen wurde, boten einen schier unerträglich tragischen Anblick. Aber das Team behandelte sie, als wären sie Könige und Königinnen.

Ein Fernsehreporter war auch da, um den Gouverneur zu interviewen. Der Gouverneur schaute in die Kamera und sagte: «Was ich hier gesehen habe, habe ich noch nie zuvor gesehen. Die meisten anderen Gruppen kommen einfach mit Rollstühlen und verteilen sie. Hier ist es vollkommen anders: Sie kümmern sich; Sie bringen Dinge in Ordnung; Sie heilen.»

Als sich die Sache herumsprach, rief der Gouverneur oben in Nablus (eine Autostunde nördlich) seinen Gouverneurskollegen hier an und fragte, ob er Leute zu uns herunterbringen dürfe, wenn das Team zum nächsten Mal in Palästina sei. Wir redeten darüber und beschlossen dann, das Team stattdessen hinauf nach Nablus zu schicken.

Frauenherzen berühren

Diese nächste Initiative hört sich für westliche Leser vielleicht banal an, vielleicht sogar unnötig angesichts der Kosten. Aber sie leben ja auch nicht in einer Kultur, in der die Bedürfnisse und Gefühle von Frauen generell ignoriert werden. Muslimische Frauen sind als Gruppe vielleicht die am schlechtesten behandelten Menschen der Welt. Sogar ihre Kinder – besonders die Söhne – werden besser behandelt. Für viele Männer rangiert eine Ehefrau eine Stufe unter einem Esel; schließlich kann der Esel eine schwerere Last ziehen.

In diese Situation hinein kommt jedes Jahr ein Team von Frauen aus dem Westen, um eine einwöchige Wellnesskur für über 300 Frauen anzubieten – die Mehrzahl von ihnen aus dem nahen Flüchtlingslager. Wir richten Stationen für Maniküre und Pediküre ein; für Massagebehandlungen funktionieren wir kleine Zimmer um. Im Wartebereich haben wir zweisprachige Frauen, die übersetzen können oder sich einfach nur unterhalten. Sie helfen den Gästen, die Anmeldekarten auszufüllen und die Anwendungen anzukreuzen, die sie gerne hätten. Dabei kommen die ersten persönlichen Geschichten ans Licht.

Und natürlich gehen die Unterhaltungen an den Stationen weiter. Noch tiefere Gespräche kommen in den privaten Massageräumen in Gang: Wenn eine muslimische Frau erst einmal ihren Hidschab abnimmt und sich auf den Tisch legt, kommen jede Menge persönlicher Bedürfnisse und Verletzungen ans Licht. Eine Frau sagte: «Ich habe schon so lange von dieser Aktion gehört» (wir machen die Veranstaltung immer in der ganzen Stadt bekannt), «und wollte schon immer kommen. Der einzige Grund, warum ich heute kommen konnte, ist, dass mein Mann kürzlich gestorben ist.»

Hmm ... das verlangte nach einer näheren Erklärung.

Auf behutsames Nachfragen offenbarte diese Frau, dass sie und ihr Sohn sieben Jahre lang in einem einzigen Zimmer ihres Hauses buchstäblich gefangen gehalten worden waren: Sie durften nie das Haus verlassen oder auch nur hinaus in die Sonne gehen. Zu essen bekamen sie gerade genug, um am Leben zu bleiben. Nun hatte sie endlich die Freiheit, selbst zu wählen, was sie tat und wohin sie ging.

Wenn während der Wellnesswoche derartige Fälle von schwerer Not in der Familie zutage treten, steht die hervorragende Sozialarbeiterin unserer Einrichtung zur Verfügung, um zu helfen.

«Schauen Sie sich an, was die für mich getan haben! Diese Amerikanerinnen – sie haben mir die Füße gewaschen! Ich kann es nicht glauben.» –
Eine erstaunte Araberin, nachdem sie eine kostenlose Wellness-Anwendung genossen hatte

Eines Tages stand ich unten in der Nähe des Ausgangs, als eine Frau, die ich kannte, nach ihren Anwendungen das Gebäude verließ. Mit tränenüberströmtem Gesicht zeigte sie mir ihre frisch gepflegten Fußnägel. Ich werde nie vergessen, was sie sagte: «Schauen Sie sich an, was die für mich getan haben! Diese Amerikanerinnen – sie haben mir die Füße gewaschen! Ich kann es nicht glauben. Sie haben wirklich ein gutes Herz, und sie müssen uns wirklich lieben, dass sie von so weither kommen.»

Geistliche Dynamik

Im Kern eines jeden Menschen – egal welcher Kultur – befindet sich das «gottförmige Vakuum», über das der französische Mathematiker Blaise Pascal vor fast fünf Jahrhunderten schrieb. Trotz der gegenwärtigen (sowohl juristischen als auch sozialen) Einschränkungen für christliche Verkündigung in muslimischen Gebieten ist es bemerkenswert, dass die Leute, wenn sie persönliche Probleme haben, zu uns kommen und uns bitten, für sie zu beten. Sie glauben, wir könnten vielleicht in der Lage sein, Gott auf eine Weise zu erreichen, die ihnen hilft.

Unsere freiwillige Helferin Regina Gasser freundete sich mit einer jungen Frau in ihrem Alter an, einer Beduinin, deren kleine Schwester in unseren Kindergarten ging. Zur Familie gehörte auch noch ein Bruder von sechzehn Jahren.

Tragischerweise hatte der junge Mann einen schweren Motorradunfall, als er eines Abends frontal mit einem Auto zusammenstieß. Er trug keinen Helm (nur wenige Motorradfahrer tun das in diesem Teil der Welt). Man brachte ihn nach Ramallah ins Krankenhaus, wo er zwei Wochen lang bewusstlos auf der Intensivstation lag.

Schließlich rief seine ältere Schwester Regina an. «Du musst nach Ramallah kommen und über meinem Bruder beten – bitte!»

«Nun ja», erwiderte Regina, «aber ich kann doch nicht einfach so auf die Intensivstation gehen, oder? Ich bin ja keine Verwandte.»

«Komm einfach!», beharrte das Mädchen.

Also machte sich Regina mit zwei anderen Freiwilligen auf den Weg. Als sie ankamen, trafen sie die Schwester in einer hitzigen Auseinandersetzung mit dem Krankenhausleiter an. «Sie müssen meine Freunde hineinlassen! Nur für fünf Minuten.»

Der Krankenhausleiter gab nach.

Als die drei an das Bett des jungen Mannes kamen, fanden sie dort seine Tante vor, die ihm aus dem Koran vorlas. Konnte er überhaupt hören, was sie sagte? Wahrscheinlich nicht. Die Tante schaute zu den Besuchern auf und verabschiedete sich dann.

Nun begannen die Freiwilligen leise über dem reglosen Körper zu beten. Wir wussten, dass sie nicht so laut sein durften, dass andere zuhören konnten, und auch nicht länger bleiben sollten als verabredet. Aber sie baten Gott, in dieser schrecklichen Situation einzugreifen. Dann kehrten sie pünktlich in den Warteraum zurück.

Plötzlich kam ein Arzt durch die Türen gestürmt. «Kommen Sie zurück! Kommen Sie zurück!», rief er. «Er hat gerade ein Auge aufgemacht!»

Die Tante sprang auf und flehte: «Was immer ihr gerade gemacht habt – macht es noch einmal! Bitte!» So kehrten die drei noch einmal an sein Bett zurück, um weiter für ihn zu beten.

Auf der Rückfahrt an jenem Abend sagte Regina zu der Schwester: «Weißt du, das waren nicht wir oder der Umstand, dass wir deinem Bruder die Hände aufgelegt haben. Wir haben keine besonderen Kräfte. Es ist der Name Jesu, der Wunder vollbringt, genau wie damals, als er hier auf der Erde war.»

«Ich weiß», antwortete die junge Frau leise, während sie aus dem Fenster schaute. «Deshalb habe ich dich ja angerufen.»

Im Lauf der folgenden Wochen wurde der Junge wieder vollständig gesund. Inzwischen lebt er wieder völlig unbeeinträchtigt in Jericho. Einmal sagte er zu Regina: «Ich weiß nicht mehr viel aus dem Krankenhaus – aber ich weiß noch, dass du und deine Freundinnen gekommen seid, um für mich zu beten. Ich weiß, dass Gott mir ein neues Leben gegeben hat, weil ihr das getan habt.»

Das soll nicht heißen, dass jede Krankheit, über der wir gebetet haben, so dramatisch geheilt worden wäre. Aber zu seiner Zeit und aus seinen eigenen Gründen setzt Gott seine Allmacht ein, um in das Leben mancher Menschen einzugreifen.

Kleines Schild – großer Wegweiser

Manchmal lassen sich die Herzen Erwachsener erweichen, ohne dass wir auch nur ein Wort sagen.

In Ostjerusalem ging eines Abends ein jüdisch-orthodoxes Paar spazieren und stieß dabei auf unser Little-Hearts-Schild an der Mauer. Neugierig notierten sie sich die Telefonnummer, da sie selbst kleine Kinder hatten.

Am nächsten Tag rief der Mann die Leiterin Kami Walters an. «Ihr Schild ist sehr einladend», sagte er. «Worum handelt es sich dabei?»

«Nun, wir sind ein Kindergarten», begann sie. «Und wir unterrichten die Kinder aus der Bibel.»

«Oh!», gab der Mann zurück. «Das ist sehr interessant. Ich wollte schon immer mehr über die Bibel wissen.»

Kami nahm das als Einstieg, um in verständlichen Worten zu erklären, dass das «Alte Testament» mit dem Gesetz des Mose (der Thora) beginnt, gefolgt von den alten jüdischen Weisheitsbüchern und den Propheten. Das «Neue Testament», fuhr sie fort, erzähle von Jeschua und seinen Worten und Taten und setze sich dann mit Briefen seiner Nachfolger fort.

Dabei hatte Kami den Gedanken im Hinterkopf: Er hört sich aufrichtig an – aber was ist, wenn er mich nur aushorchen will, um uns zu schaden? Deshalb wählte sie ihre Worte mit Bedacht.

Das Ehepaar meldete seine Kinder nicht an, es kam nicht einmal zu Besuch. Aber der Mann rief immer wieder an. Jedes Mal stellte er Kami neue Fragen. Er habe sich eine Bibel besorgt und lese darin, sagte er.

Schließlich wagte es Kami, ihre eigene Geschichte zu erzählen: wie sie zum Glauben an Jeschua gekommen war, wie sie nach Israel umgesiedelt war und hier andere messianische Juden kennengelernt hatte, und von ihrer Arbeit hier. Sie erinnert sich an den Moment, als der Mann plötzlich begriff, dass Jeschua *Jude* war! Dieser Gedanke war ihm bisher nie in den Sinn gekommen.

Die Telefonate gingen weiter, ohne dass die beiden sich je persönlich begegneten. Dann hörte Kami für eine Weile nichts mehr von ihm – bis eines Tages wieder das Telefon klingelte. «Ich habe Jeschua angenommen!», verkündete der Mann aufgeregt.

Was? Kami konnte ihre Überraschung kaum verbergen.

«Und nicht nur das», fuhr er fort, «sondern meine Frau auch. Und jetzt sind wir ein bisschen in Schwierigkeiten.»

«Wieso?», erkundigte sich Kami.

«Nun, sie will die orthodoxe Tracht nicht mehr tragen. Sie hat sie abgelegt. Ich habe nichts dagegen – aber andere regen sich darüber auf.

Und jetzt trägt sie auch noch ein Kreuz um den Hals! Unsere Nachbarn sind völlig außer sich deswegen. Ich fürchte, wir werden nicht weiter in dieser Wohnung bleiben können.»

Kami versuchte ihm Mut zu machen, so gut sie konnte. Bei einem späteren Telefongespräch stellte sich heraus, dass das Paar beschlossen hatte, definitiv umzuziehen. «Wir glauben, dass wir hier in Gefahr sind. Meine Frau kann gar nicht mehr aufhören, über Jeschua zu reden!»

Am Ende zogen sie nach Norden in die Gegend von Galiläa, wo der Mann sogar noch einen besseren Job fand als den, den er in Jerusalem gehabt hatte. Beide und ebenso eine Schwägerin, die denselben geistlichen Weg eingeschlagen hatte, schienen Fortschritte in ihrem neu gefundenen Glauben zu machen.

All diese Beispiele zeigen die kreative Fähigkeit des Evangeliums, alle politischen und kulturellen Barrieren zu durchbrechen. Auch den härtesten Herzen fällt es schwer, der Wärme greifbarer, sichtbarer Liebe und Fürsorge zu widerstehen. Es ist eines der größten Vorrechte im Leben, ein Kurier dieser Liebe zu sein.

Natürlich ist jede Umgebung anders. Die Aktionen, die zu unserem Kontext im Nahen Osten passen, sind nicht dieselben, die andernorts passen. Doch Muslime gibt es überall auf der Welt, und wer als Christ die Augen offenhält, wird Einstiege finden, um Kontakte zu knüpfen, um zu dienen, um Anteilnahme zu zeigen – um sich auf natürliche und akzeptable Weise als Hände und Füße Christi zur Verfügung zu stellen.

Wann und wo immer das passiert, kommt die Gute Nachricht voran, Spannungen lösen sich und Licht bricht durch die Wolken.

Das ist unsere große Berufung, wo auch immer wir leben.

Auch den härtesten Herzen fällt es schwer, der Wärme greifbarer, sichtbarer Liebe und Fürsorge zu widerstehen.

Anmerkungen

[1] https://en.wikipedia.org/wiki/List_of_(non-state)_terrorist_incidents.

[2] Entnommen aus: http://www.johnstonsarchive.net/terrorism/ wrjp255i.html.

[3] Suchen Sie unter www.state.gov nach «terrorist organizations».

[4] Siehe www.gov.uk.

[5] www.forbes.com/sites/forbesinternational/2014/12/12/the-worlds-10-richest-terrorist-organizations.

[6] http://intelcenter.com/maps/is-affiliates-map.html.

[7] http://www.clarionproject.org/sites/default/files/islamic-state-isis-isil-factsheet-1.pdf.

[8] http://www.theatlantic.com/features/archive/2015/02/what-isis-really-wants/384980/.

[9] http://www.jewishvirtuallibrary.org/jsource/Terrorism/Hamas_covenant.html.

[10] Siehe Saada, Tass (mit Dean Merrill): *Once an Arafat Man,* Tyndale: Carol Stream, Illinois, 2008, Seite 183–191. Vergleiche auch: *Ich kämpfte für Arafat,* Fontis – Brunnen Basel, 2007.

[11] «Classrooms Suffer at Hands of the Shabab», in: »International New York Times», 5. Juni 2015, Seite 3.

[12] Zitiert von Beaty, Katelyn: «Why Boko Haram and ISIS Target Women», in: www.christianitytoday.com, Mai 2015.

[13] http://www.bbc.com/news/world-middle-east-32769752.

[14] http://www.pewforum.org/2015/04/02/muslims/.

[15] Georges, Jayson: «Honor and Shame Societies: 9 Keys to Working with Muslims», gepostet auf www.honorshame.com.

[16] Pearse, Meic: *Why the Rest Hates the West,* InterVarsity: Downers Grove, Illinois, 2004, Seite 48.

[17] Pearse, Seite 44–45.

[18] Crouch, Andy: «The Good News about Shame», «Christianity Today», März 2015, Seite 41.

[19] Georges, «Honor and Shame Societies».

[20] Zitiert in «Time», 22. Juni 2015.

[21] Pearse, Seite 34f.

[22] The Letters and Papers of Chaim Weizmann, Bd. 1, Serie B, Dokument 24.

[23] Tolan, Sandy: *The Lemon Tree,* Bloomsbury: New York 2006, Seite 72.

[24] http://www.wrmea.org/1994-november-december/plo-chairman-yasser-arafat-s-first-appearance-at-the-united-nations.html.

[25] http://www.unhcr.org/pages/49e45ade6.html.

[26] Erhältlich für 10 US-Dollar bei www.annainthemiddleeast.com.

[27] «Wake-up Call from Orange», in: «Haaretz», 5. Juni 2015, Seite 9.

[28] http://www.cnn.com/2003/WORLD/meast/05/26/mideast/.

[29] http://www.worldbank.org/en/news/press-release/2015/05/21/gaza-economy-on-the-verge-of-collapse.

[30] Friedman, Thomas L.: *The World Is Flat,* Farrar, Straus and Giroux: New York 2005, Seite 400.

[31] https://www.whitehouse.gov/omb/budget/Historicals.

[32] «Sirhan Felt Betrayed by Kennedy», in: «New York Times», 20. Februar 1989.

[33] Michael, Maggie: «U.S. Kills al-Qaida Leader», in: «The Associated Press», 17. Juni 2015.

[34] In diesem Buch verwende ich durchweg die bekannteren Namen «Abraham» und «Sara», wenn es um Ereignisse aus dem gesamten Leben der beiden geht, auch bei solchen, die vor den Namensänderungen in 1. Mose 17 stattfanden (von «Abram» und «Sarai»).

[35] Saada, Tass mit Dean Merrill: *Once an Arafat Man,* Tyndale: Carol Stream, Ill., 2008, Seite 211f. – Vergleiche auch *Ich kämpfte für Arafat,* Fontis – Brunnen Basel, 2007.

[36] https://blogs.chapman.edu/wilkinson/2014/10/21/what-americans-fear-the-most/.

[37] Thomas, Lewis: «The Youngest and Brightest Thing Around», zitiert in *Bartletts Familiar Quotations,* 15. Aufl., Seite 884.

[38] Jones, E. Stanley: *Abundant Living,* Summerside: Minneapolis 2010 (aktualisierte Ausgabe von Dean Merrill), Eintrag vom 15. März.

[39] Eine vollständige Schilderung dieser Schlacht finden Sie in meinem Buch *Ich kämpfte für Arafat.*

[40] http://www.allgov.com/news/us-and-the-world/139-female-soldiers-have-died-in-iraq-and-afghanistan?news=844316.

[41] http://watson.brown.edu/costsofwar.

[42] Die Summe der geschuldeten Studentendarlehen in Amerika lag im Juni 2014 bei 1,2 Billionen Dollar. Würde man die übrigen 3,2 Billionen Dollar unter den derzeit 21 Millionen amerikanischen College-Studenten aufteilen, so käme jeder davon auf 152.391 Dollar.

[43] «GOP prospects vow to get tough with terrorists», in: «The Associated Press», 7. Mai 2015.

[44] «The Brief», in: «Time», 29. Juni 2015, Seite 12.

[45] Sedney, David: «America's Counterterrorism Policy Is Failing», http://time.com/author/david-sedney, gepostet am 21. Januar 2015.

[46] Rankin, Jerry: «Why Nations Rage: A Biblical Response to Radical Islam», gepostet auf www.zwemercenter.com.

[47] Aus Ben-Gurions Erinnerungen, zitiert in Tolan, *The Lemon Tree,* Seite 51.

[48] http://www.jpost.com/Middle-East/Palestine-cant-be-Swiss-cheese.

[49] Viking: New York 2015. Die Buchbeschreibung ist aus http://www.amazon.com/Two-State-Delusion-Israel-Palestine-Narratives/dp/0670025054 entnommen.

[50] Abraham Lincoln, Rede anlässlich der ersten Amtseinführung am 4. März 1861.

[51] https://en.wikipedia.org/wiki/Palestinian_diaspora.

[52] Burge, Gary M.: *Jesus and the Land,* Baker Academic: Grand Rapids, Michigan, 2010, Umschlagtext.

[53] Ebenda, Seite 4.

[54] http://www.huffingtonpost.com/2013/08/31/sarah-palin-syria_n_3848819.html.

[55] https://ec.europa.eu/energy/eu/statistics/en-crude-oil-imports.

[56] http://www.aipac.org/about/mission.

[57] Kik, J. Marcellus: *Matthew XXIV: An Exposition,* Presbyterian and Reformed Publishing Co.: Philadelphia 1948, Seite 35.

[58] Salus, Bill: Psalm 83, The Missing Prophecy Revealed–How Israel Becomes the Next Mideast Superpower!, Prophecy Depot Publishing: La Quinta, Kalif., 2013.

[59] 1. Mose 37; 2. Mose 2–4; 18; 4. Mose 10; 22; 25; 31; Josua 13; Richter 6–8; und einige Erwähnungen bei den Propheten.

[60] Zitiert in Zwemer, Samuel M.: *The Cross and the Crescent,* Zondervan: Grand Rapids, Mich., 1916, Seite 276–281. Siehe auch das dritte Kapitel in Zwemers Buch *Sons of Adam,* Baker: Grand Rapids, Mich., 1951.

[61] Burge: *Jesus and the Land,* Seite 8–9.

[62] Jordan, Clarence: *Sermon on the Mount,* Judson: Valley Forge, Pa., revidierte Ausgabe 1970, Seite 34.

[63] Diese bemerkenswerte Geschichte – und die Überraschung, die mich erwartete, als mich der Hausbesitzer zum ersten Mal auf das Flachdach führte –, finden Sie in meinem Buch *Ich kämpfte für Arafat.*

[64] Weitere Informationen gibt es unter www.hopeforishmael.org.

[65] Saddiqui, Sabrina: «Americans' Attitudes toward Muslims and Arabs Are Getting Worse, Polls Find», in: «Huffington Post», 29. Juli 2014, http://www.huffingtonpost.com/2014/07/29/arab-muslim-poll_n_5628919.html.

[66] Medearis, Carl: *Muslims, Christians, and Jesus,* Bethany: Bloomington, Minn., 2008, Seite 13–14.

[67] Medearis, Seite 109–110.

[68] Medearis, Seite 182–183.

[69] Castor, Trevor: «Muslim Evangelism: 7 Ways to Share Your Faith», http://zwemercenter.com/guide/muslim-evangelism.

[70] Sure 21,91.

[71] Sure 5,117.

[72] Castor, http://zwemercenter.com/guide/muslim-evangelism.

[73] Pew Research Center: «The Future of World Religions: Population

Growth Projections, 2010–2050», 2. April 2015, http://www.pewforum.org/2015/04/02/religious-projections-2010–2050/.

[74] www.sat7.org/en/news-item/5401.

[75] Saada: *Once an Arafat Man,,* Seite x–xi.

[76] Graham, Stephen A.: Ordinary Man, Extraordinary Mission: The Life and Work of E. Stanley Jones, Abingdon: Nashville 2005, Seite 396f.

[77] http://www.zwemercenter.com/6-factors-in-muslims-following-jesus/.

[78] http://www.leben.us/volume-4-volume-4-issue-1/253-samuel-zwemer-missionary-to-the-arabs.

[79] http://www.onislam.net/english/reading-islam/understanding-islam/islam-and-the-world/worldview/482911-rights-of-neighbors-in-islam.html.

Vom selben Autor weiterhin erhältlich

Tass Saada
Ich kämpfte für Arafat
Ein Fatah-Heckenschütze beginnt
ein ganz neues Leben
360 Seiten, Paperback
13 × 20,5 cm
12.95 € [D] I 13.40 € [A] I 22.80 CHF*
* unverbindliche Preisempfehlung
Bestell-Nr. 111408
ISBN 978-3-7655-1408-1

Der Palästinenser Taysir Abu Saada verbrachte seine ersten Lebensjahre in Saudi-Arabien. Als Teenager war er desillusioniert: Die Führer der arabischen Länder hatten ihren Völkern immer wieder versprochen, Israel von der Bildfläche auszuradieren. Aber sie lösten ihr Versprechen nie ein. Stattdessen steckten sie nur Niederlagen ein. Dies wiederum legte den Boden für eine andere charismatische Führer-Persönlichkeit: Jassir Arafat, dessen Stern nun sehr schnell aufging. Er schwor die Palästinenser ein, ihr Schicksal unbedingt in die eigenen Hände zu nehmen! Mit 17 Jahren trat Taysir den Widerstandskämpfern Arafats bei und wurde Fatah-Mitglied. Als Scharfschütze («Sniper») lag er auf der Lauer, als Kommandokämpfer führte er Operationen aus. Sein Motto lautete unverrückbar: «Nur ein toter Jude ist ein guter Jude.» Später wurde Taysir das, was er so ziemlich als Letztes erwartet hätte: Christ. Sein unbändiger Hass verwandelte sich, und plötzlich begann er Juden und Christen zu lieben. Und das führte ihn zurück in seine Heimat und in den Gazastreifen. Doch nun bildet er die Kinder nicht mehr an den Kalaschnikows aus, sondern versucht, Hoffnung zu säen und Versöhnungsarbeit zu leisten. Kurz vor dessen Tod konnte er sogar noch Jassir Arafat besuchen und dem aufmerksamen Palästinenserführer von seinem neuen Glauben erzählen.

fontis
BRUNNEN BASEL